LES

DEMOISELLES

DE

MAGASIN

PAR

CH. PAUL DE KOCK

auteur de

Une Femme à trois Visages, Monsieur Cherami, Monsieur Choublanc, la Mare d'Auteuil, Cerisette, Une Gaillarde, etc.

(ENTIÈREMENT INÉDIT.)

« Le plaisir de l'amour est d'aimer, et l'on est plus heureux par la passion que l'on a, que par celle que l'on donne. »

Maximes de LA ROCHEFOUCAULD.

V

PARIS

L. DE POTTER, LIBRAIRE-ÉDITEUR

RUE FONTAINE-MOLIÈRE, 27

LES

DEMOISELLES DE MAGASIN

AVIS AUX PERSONNES QUI VEULENT MONTER UN CABINET DE LECTURE.

BIBLIOTHÈQUE

DES

MEILLEURS ROMANS MODERNES

2,100 vol. environ, format in-8°. — Prix : 2,500 fr.

Cette collection contient les NOUVEAUTÉS de nos auteurs les plus en vogue publiées jusqu'à ce jour par la maison, les quelles sont accompagnées d'affiches à gravures et autres.

Les Libraires qui feront cette acquisition recevront **GRATIS** *cent exemplaires du Catalogue* complet et détaillé *avec une couverture imprimée à leur nom* pour être distribués à leurs abonnés.

La Maison traite de gré à gré pour un nombre moins considérable de volumes à des conditions très-avantageuses.

Le prix de chaque ouvrage, pris séparément, est de *cinq francs* net le volume.

Grandes facilités de payement moyennant les renseignements d'usage. Le Catalogue se distribue gratis aux personnes qui en feront la demande par lettres affranchies.

Wassy. — Imprimerie de Mougin-Dallemagne.

LES

DEMOISELLES

DE

MAGASIN

PAR

CH. PAUL DE KOCK

auteur de :

Une Femme à trois Visages, Monsieur Cherami, Monsieur Choublanc, la Mare d'Auteuil, Cerisette, Une Gaillarde, etc.

(ENTIÈREMENT INÉDIT.)

« Le plaisir de l'amour est d'aimer, et l'on est plus heureux par la passion que l'on a, que par celle que l'on donne. »
Maximes de LA ROCHEFOUCAULD.

V

PARIS

L. DE POTTER, LIBRAIRE-ÉDITEUR

RUE FONTAINE-MOLIÈRE, 27

1863

LES

CHEVALIERS DE L'AS DE PIQUE

PAR

ALBERT BLANQUET

Auteur des *Amours de d'Artagnan*, la *Belle Féronnière*, le *Parc aux Cerfs*, les *Enfants du Curé*, le *Roi d'Italie*, la *Giralda de Séville*, etc., etc.

Ce Roman est un chapitre saisissant de la vie parisienne : les détails les plus curieux, les révélations les plus piquantes sur une vaste association criminelle, une action émouvante, des scènes mystérieuses et terribles, toujours prises sur nature ; une donnée des plus originales, des caractères nouveaux, des types variés, étranges ; – des situations comiques, un intérêt soutenu, de la réalité ; — les fureurs du jeu, les horribles douleurs qui font, souvent, de toute femme qui a failli une martyre de nos lois et de nos préjugés ; les hardiesses du voleur, les bas calculs du faussaire et de l'empoisonneur, les épouvantes de l'adultère ; — le choc de ces passions et de ces vices a fourni à l'auteur les principaux éléments de ce drame qui est une histoire véritable, — et dont l'auteur a été le témoin oculaire. M. Albert Blanquet l'a racontée avec la verve et le talent que ses œuvres précédentes ont fait apprécier du public.

LES TROIS HOMMES NOIRS

PAR

LUC-CHARDALL

Le consciencieux moraliste, l'observateur profond, le conteur plein d'humour et de grâce qui, sous le voile assez transparent de Luc-Chardall, a enrichi la librairie moderne de ce tableau si vrai des mœurs champêtres appelé la *Ferme aux Loups*, a voulu prouver que, dans un genre diamétralement opposé, ses puissantes facultés d'observation, de conception et de style, ne lui feraient pas défaut.

Il a plus que réussi.

Le nouveau roman les *Trois Hommes Noirs* que nous publions aujourd'hui est une grande étude historique des premiers événements qui ont ensanglanté le commencement du siècle. A chaque pas le drame s'y mêle au comique, le rire cotoie les larmes et se confond parfois avec elles. Mais ce qui domine tout dans cette nouvelle œuvre de Luc-Chardall, au milieu de la combinaison hardie des scènes tour à tour gaies et terribles qui comportent, c'est la peinture, vraie, fidèle, vigoureuse d'une des plus imposantes physionomies de notre histoire au début du premier empire.

Nous n'hésitons pas à prédire au roman les *Trois Hommes Noirs* un succès qui fera date dans l'histoire littéraire de notre temps.

Wassy. — Imprimerie de MOUGIN-DALLEMAGNE.

CHAPITRE VINGT-SIXIÈME

(Suite.)

XXVI

» — Qu'est-ce qu'il y a donc ! » murmure Tontaine en se frottant les yeux, « Thélénie » est levée la première... Ah ! voilà qui est

» extraordinaire!.. Tu as donc un grand
» déjeuner ce matin... est-ce que tu veux
» nous emmener avec toi?..

» — Mais non, il n'est pas question de
» déjeuner... elle ne pense qu'à manger
» celle-là?

» — Dame! il me semble qu'on est bien
» obligé d'y penser.

» — Est-ce que tu es malade, Thélénie, »
dit Marie qui se hâte de se lever et de s'habiller.

« — Non, je ne suis pas malade... pas si
» bête... se rendre malade parce qu'un
» homme nous trompe! on aurait donc une
» jaunisse perpétuelle... mais je suis encore
» furieuse!.. Ce Roger!.. fiez-vous donc aux
» airs sérieux... ils ne valent pas mieux que
» les autres ceux-là... Ah! ma pauvre Marie,
» et moi qui avais la bêtise d'être jalouse de
» toi... parce qu'une fois ou deux j'ai trouvé
» ce monsieur causant avec toi... Ce traître!
» c'était pour mieux cacher son jeu... pour
» me donner le change!

» — Comment?.. que veux-tu dire? » balbutie Marie en cherchant à cacher son émotion.

« — Je veux dire que j'ai rompu avec » monsieur Roger, n, i, ni, c'est fini!

» — Oh!.. pour quelques jours peut-être, » et puis vous vous raccommoderez...

» — Oh! jamais!.. d'ailleurs sa trahison » est flagrante, et du reste, lui-même ne l'a » pas niée...

» — Sa trahison?..

» — Oui... enfin il a une autre maîtresse,

» une de ces femmes entretenues dans le
» grand genre... qui font leur poussière!
» qui ont voiture! laquais!.. mon Dieu, elle
» est bien connue... c'est la Beauvert!.. sa
» voisine, c'est commode, elle demeure dans
» sa maison, au premier. »

Marie devient d'une pâleur extrême et peut à peine murmurer :

« — Madame de Beauvert serait la maî-
» tresse de monsieur Roger!.. qui te l'a dit...
» qui peut te faire croire cela?

» — Me le faire croire ! ah ! je n'ai pas à
» en douter ! ce sont eux-mêmes qui me l'ont
» dit... les effrontés ! D'abord cette dame
» qui est venue à notre magasin faire des
» emplettes pour son Roger !.. en répétant
» sans cesse : Envoyez tout cela chez lui, ou
» chez moi... c'est la même chose ! Et puis
» elle ajoutait : N'oublions rien pour *mon*
» *Roger !* il est si gentil, si aimable !.. Mais
» qu'est-ce que tu as ma pauvre Marie...
» est-ce que tu te trouves mal...

» — Non, non, c'est ce que tu me dis...

» — Ça te fait de la peine pour moi! ah!
» bah! va!.. demain je n'y penserai plus...
» mais dans le moment, tu comprends
» comme j'étais furieuse, j'avais envie de
» lancer un pot de pommade sur le nez de
» cette dame... Enfin je me suis contenue,
» mais à peine était-elle partie que j'ai
» couru à l'atelier de Roger, lui dire que je
» connaissais sa perfidie... Je pensais qu'il
» allait nier, chercher à s'excuser... pas du
» tout! ce monsieur a pris la chose en riant,
» il est convenu que cette femme était sa maî-

» tresse !.. une femme qui a bien quinze ans » de plus que lui !.. mais elle l'entretient de » pommade et probablement d'autre chose... » il y a des hommes qui aiment cela !

» — Elle lui paie sans doute à dîner! » dit Tontaine, « les hommes sont quelquefois » plus gourmands que les femmes...

» — Monsieur Roger... l'amant de... de...

» — Eh! oui, ma petite Marie, l'amant » de sa voisine du premier ; ils se seront » rencontrés dans les escaliers... ils auront » fait vite connaissance...

» — Mais... il m'avait dit... il avait refusé d'allerchez cette dame...

» — Il paraît qu'il n'a pas toujours refusé, puisqu'elle lui fournit son savon et son cold cream. Soyez donc fidèle à un homme pour qu'il vous trompe ainsi ! Ah ! je n'ai qu'un regret, c'est de n'avoir pas commencé ! mais cela me servira de leçon pour un autre. Au revoir, je descends, je me dépêche, car hier je suis sortie comme une fusée et sans même demander la permission. »

Thélénie sort; Tontaine ne tarde pas à en faire autant; alors Marie donne un libre cours à ses larmes, en se disant :

« — Ah ! je suis bien malheureuse. »

Deux jours se sont écoulés depuis ces événements, lorsque Roger, qui s'est assuré que Thélénie est en bas dans son magasin, que Marie n'est pas encore dans le sien, monte lestement à la petite chambre de ces demoiselles, et y arrive au moment où Marie en sortait.

« — Je suis bien content de vous rencon-

» trer, » s'écrie Roger, « je viens vous dire, » ma chère Marie, que demain dimanche, » Lucien doit se rendre au parc de Mon- » ceaux, nous irons aussi, dès que nous l'a- » percevrons je vous quitterai, et...

» — C'est inutile, monsieur... tout-à-fait » inutile... il me suffit de savoir que je n'ai » jamais été la maîtresse de ce monsieur, » peu m'importe à présent que d'autres le » croient ou non ! je n'irai pas à Monceaux.

» — Quoi... vous avez changé d'idée...

» mais c'est vous-même qui avez conçu ce
» projet...

» — C'est possible, aujourd'hui j'y re-
» nonce.

» — Qu'ávez-vous donc, Marie, quel air
» sévère... vous me parlez comme si vous
» étiez fâchée.

» — J'ai, monsieur... que j'ai réfléchi, il
» ne faut plus chercher à me rencontrer... à
» me voir... d'ailleurs ce serait inutile, car
» je ne dois pas... je ne puis pas vous
» aimer...

» — Que signifie ce langage... est-ce bien
» vous; Marie, qui me parlez ainsi... vous,
» qui lors de notre dernière rencontre, m'avez
» laissé entrevoir que vous répondiez à mon
» amour...

» — Non, monsieur, je mentais quand je
» vous disais cela... je ne vous aime pas...
» je ne vous aimerai jamais... ma résolution
» est irrévocable!.. vous chercherez en vain
» à m'en faire changer.

» — Mais que s'est-il donc passé...

» qu'est-il arrivé pour que vous me » traitiez ainsi.

» — Il est inutile de m'en demander da- » vantage... je ne veux plus ni vous voir ni » vous parler... ne me retenez pas... encore » une fois, monsieur, il ne peut jamais y » avoir d'amour entre nous... et je vous le » répète... ma détermination est bien prise... » si vous essayez de me voir, moi, je vous » fuirai, je vous fuirai toujours... Adieu, » monsieur... adieu ! »

Marie descend rapidement l'escalier, laissant Roger tellement stupéfait par ce qu'il vient d'entendre, qu'il est resté immobile sur le carré du cinquième.

CHAPITRE VINGT-SEPTIÈME

XXVII

Besogne perdue !...

Roger est revenu dans son atelier, désolé, désespéré, puis ensuite furieux contre les femmes et se disant :

» — J'ai ce que je mérite, qu'avais-je be-
» soin d'aimer encore... ne m'étais-je pas
» promis, juré de ne plus me laisser séduire,
» n'avais-je pas déjà été assez trompé, as-
» sez malheureux... Cette fois, c'est d'une
» autre façon qu'on me berne... cette Marie,
» après m'avoir laissé espérer qu'elle m'ai-
» merait... après me l'avoir presque avoué
» même... car lors de notre dernier entretien
» dans la rue, lorsqu'en la quittant, je tenais
» sa main, cette main a doucement pressé la
» mienne... n'est-ce pas un aveu, cela ? et

» une femme serre-t-elle la main d'un homme
» qui lui dit : « Je vous aime ! » lorsqu'elle
» ne veut pas répondre à son amour ?... Ah !
» mademoiselle Marie... et aujourd'hui vous
» me défendez de vous parler, de chercher à
» vous voir... vous m'annoncez positivement
» que vous ne m'aimerez jamais !... vous
» êtes donc une coquette... vous vous êtes
» donc amusée à mes dépens !... et cette
» preuve de votre innocence... des calomnies
» que ce Lucien a débitées sur votre compte,
» vous ne voulez plus me la donner... Alors

» Lucien n'avait donc pas menti... et vous
» avez nié ce qui était vrai !... Mentir à ce
» point... si jeune... avec un air si candide...
» Mais que je suis niais, de me laisser pren-
» dre à ces airs-là... »

Après sa sortie de chez le parfumeur, où elle avait enfin trouvé celle qu'elle cherchait, Paola était revenue chez elle enchantée, et avait appris à sa femme de chambre ce qu'elle avait dit devant la demoiselle dont Roger avait le portrait. Mademoiselle Léontine n'avait pas manqué d'applaudir à tout ce qu'avait fait sa maîtresse et c'était fort peu de temps après leur entretien, qu'avait eu lieu l'incident de la sonnette cassée.

Mademoiselle Léontine s'empresse d'aller rapporter à sa maîtresse les paroles peu flatteuses, criées dans l'escalier par cette demoiselle qui a brisé la sonnette. Mais, loin de s'en fâcher, Paola rit aux éclats en disant :

« — Tu vois que j'ai réussi... cette pé-
» ronnelle est furieuse, elle est persuadée que
» je suis la maîtresse de Roger, et je suis
» certaine qu'elle vient de son atelier, où

» elle est allée lui faire une scène, mais je
» crois que mon bel artiste n'aime pas les
» scènes, et je serais bien étonnée si une rup-
» ture ne s'en était pas suivie... Au reste, je
» saurai bien si cette demoiselle revient ici.
» Tu vas donner dix francs au concierge
» pour qu'il la guette et qu'il t'avertisse si
» cette impertinente ose revenir dans la mai-
» son, d'où il a le droit de la mettre à la
» porte, parce qu'elle y casse les cordons de
» sonnette... Tiens... ce n'est pas assez de
» dix francs, en voilà vingt, tu lui diras que

» je doublerai la somme dans le cas où cette » pécore reviendrait et s'il la chassait à coups » de balai. »

Mademoiselle Léontine prend les vingt francs, en garde quinze pour elle et va donner le reste au concierge avec les instructions de madame, mais l'occasion ne se présente pas de mettre Thélénie à la porte, parce qu'elle ne reparaît pas dans la maison.

Paola a laissé plusieurs jours s'écouler avant de retourner à l'atelier de Roger. Lorsqu'elle est bien certaine que l'apprentie parfumeuse ne revient plus chez l'artiste, elle se décide à remonter au cinquième.

Cette dame est vivement émue en montant à l'atelier, car elle se dit que Roger doit savoir ce qu'elle a fait dans le magasin de parfumeur, et elle se demande comment il aura pris tous les mensonges qu'elle a débités sur son compte et s'il n'a pas trouvé mauvais qu'elle ait eu l'air de le fournir de savon.

Mais le jeune homme s'était fort peu inquiété de tout cela ; toujours préoccupé de Marie, et cherchant sans cesse à deviner ce qui avait pu amener un changement si subit dans ses manières, dans ses discours, il ne pensait pas plus à madame de Beauvert qu'à Thélénie, et comme c'est l'ordinaire, songeait sans cesse à celle qu'il s'était promis d'oublier.

En voyant la belle dame du premier entrer chez lui, Roger éprouve une certaine contrariété, ce sentiment qui se peint malgré nous sur notre figure, quand nous recevons une visite qui nous ennuie. Cependant, il est poli avant tout, et présente une chaise à sa voisine, en la saluant profondément. Mais Paola est assez habituée à lire sur les physionomies et elle se dit :

« — Il est fâché... il m'en veut de ce » que je l'ai brouillé avec cette fille... tant » pis, il se défâchera... nous allons voir ce » qu'il va me dire...

» — Je viens vous donner séance, mon » cher voisin, » dit Paola en s'asseyant, « il » y a assez longtemps que vous ne m'avez » vue... mais j'ai été trop occupée... j'ai » pensé que cela vous était indifférent...

» — Moi, madame, je suis toujours à vos » ordres... que le portrait soit fait vite ou » non... cela dépend entièrement de vous et » puisque vous n'en êtes pas pressée...

» — Oh !... nullement... ce portrait est » pour moi... je n'ai personne à qui en faire » cadeau... C'est-à-dire il y a bien quelqu'un » à qui je serais heureuse de l'offrir, mais je » crains que cette personne-là tienne fort peu » à le posséder. »

Roger ne répond rien à cela, mais il dispose son chevalet et tout ce qu'il lui faut pour travailler au dessin de cette dame, qui ne manque pas de porter ses regards du côté où était attaché le portrait de Thélénie, le cadre est à sa place, mais il est entièrement vide, et il ne contient plus rien. Un sourire de satisfaction se peint sur les traits de Paola qui ne peut s'empêcher de s'écrier :

— « Comment, vous n'avez plus le por-
» trait de votre... andalouse... Par quel mi-
» racle n'est-il plus dans son cadre... Est-ce
» que, par hasard, cette demoiselle vous au-
» rait repris son image... Ah!... ce serait

» bien vilain de sa part... vous y tenez » tant...

» — Non, madame, » répond froidement Roger, « cette demoiselle n'a pas repris son » portrait, mais elle a fait mieux, elle l'a ôté » du cadre pour le déchirer en tous petits » morceaux, voilà, puisque vous tenez à le « savoir, ce qu'elle a fait de mon ouvrage. »

Madame de Beauvert rit aux éclats tout en disant :

« — Ah ! que je suis contente !... si vous » saviez quel plaisir je ressens... Je suis donc

» parvenue à vous brouiller avec cette demoi-
» selle... Voyons, Roger, ne m'en veuillez
» pas... car il ne s'agit plus de dissimuler
» ici, vous devez savoir ce que j'ai fait... ce
» que j'ai dit chez ce parfumeur où travaille
» cette fille...

» — Mais oui... Thélénie me l'a dit...

» — Et vous êtes bien fâché contre moi,
» n'est-ce pas ? mais ne comprenez-vous pas
» l'amour, la jalousie... Je vous ai dit que
» je vous aimais... par conséquent je devais
« la détester, la haïr, celle qui était votre

» maîtresse... je m'étais promis de vous
» brouiller avec elle... rien ne m'aurait coûté
» pour y parvenir... Je suis arrivée à mon
» but... Qu'importe les moyens, et m'en
» voudrez-vous longtemps pour avoir brisé
» votre liaison avec une femme qui n'était
» pas digne de vous?... »

Roger sourit et répond :

« — Moi, vous en vouloir parce que vous avez
« rompu mes relations avec Thélénie, mais,
« vous êtes complètement dans l'erreur, ma-
» dame, et bien loin d'avoir pour cela des re-

» proches à vous faire, je vous voterais plu-
» tôt des remerciements. C'est un véritable
» service que vous m'avez rendu... et j'en
» suis extrêmement reconnaissant. »

Paola demeure toute surprise, elle ne comprend rien à ce langage, elle regarde fixement Roger en murmurant :

« — Comment... cela ne vous donne pas
» de regrets... d'avoir rompu avec cette de-
» moiselle... mais... vous ne l'aimiez donc
» plus alors...

» — Je n'avais éprouvé pour elle que ce
» sentiment léger qui nous fait désirer la
» conquête d'une jolie femme... Ce sentiment-
» là n'est jamais de longue durée, il s'éteint
» avec la possession... depuis longtemps je
» cherchais une occasion pour rompre avec
» Thélénie, vous me l'avez procurée... C'est
» bien aimable à vous... et je vous réitère
» mes remerciements. »

Paola devient rêveuse. Elle garde quelques instants le silence, enfin elle reprend :

« — Mais quand je vous ai avoué que je
» vous aimais... pourquoi donc avez-vous
» dit que vous n'étiez pas libre... Vous l'étiez,
» puisque vous n'aimiez plus cette femme...

» — Permettez-moi de vous dire, madame,
» qu'il y a au monde d'autres femmes que
» Thélénie, pour lesquelles on peut éprouver
» un amour plus profond... plus durable. »

Paola pâlit, ses traits se contractent, elle balbutie :

« — Ah ! c'est-à-dire que vous avez une » autre passion dans le cœur... Oh ! ces » hommes !... ces hommes !... on ne peut » donc jamais compter sur eux... J'ai la fai- » blesse. . la sottise d'aimer monsieur... de » le lui dire... il repousse mon amour en me » laissant croire qu'il aime sa parfumeuse... » et aujourd'hui ce n'est plus celle-là qu'il » aimait!... Ah ! tenez, c'est fini, bien fini ! » désormais je vous déteste, je vous abhore,

» et si ce n'était pas pour avoir ce portrait
» qui est commencé, je ne resterais pas une
» minute de plus près de vous... »

Roger sourit et se met à travailler en disant :

« — Eh bien, madame, nous allons tâcher
» de finir rapidement votre portrait, afin que
» vous n'ayez plus l'ennui de poser devant
» moi !...

» — Monstre... il se moque de moi en-
» core...

» — Oh! jamais... La tête tournée un
» peu plus de mon côté, s'il vous plaît...

» — Je ne veux plus vous regarder... je
» ne veux plus vous voir...

» — Alors, comment voulez vous que j'a-
» chève votre tête?...

» — Comme vous pourrez... ça m'est » bien égal... Suis-je bien ainsi, mon- » sieur ?

» — Parfaitement, madame... parfaite- » ment...

» — Et quelle est cette femme dont vous » êtes amoureux maintenant... dans quelle » classe l'avez-vous choisie celle-là ?...

» — Mais, madame; je ne vous ai pas

» dit que j'étais amoureux de quelqu'un ; je
» vous ai dit seulement qu'il y avait dans le
» monde d'autres femmes que mademoiselle
» Thélénie, susceptibles d'inspirer de tendres
» attachements...

» — Allons, bon, voilà qu'il prétend
» n'être plus amoureux à présent... Oh !
» mais je suis certaine que si, moi, seule-
» ment vous ne voulez pas me dire de qui... »

Roger, que ces questions impatientent, change la conversation en disant :

« — Mais à propos, madame, vous avez » revu l'autre jour ici, une de vos anciennes » connaissances.

» — Comment... une connaissance... » ici...

» — Sans doute, monsieur Calvados... » est-ce que vous ne l'avez pas reconnu ?

» Quant à lui il vous a reconnue sur-le-
» champ, et il s'est écrié : « Cette chère Lu-
« cette !... que cela me fait donc plaisir de
« l'avoir revue... elle n'est pas changée, elle
» est toujours charmante !...

» — Vraiment ? il a dit cela ? mais il se
» trompe ce monsieur, je ne sais pas ce qu'il
» veut dire... Je ne m'appelle pas Lucette,

» je ne le connais pas... il ne sait ce qu'il » dit...

» — Comme vous voudrez, madame, » vous pourriez vous être appelée Lucette » autrefois et être aujourd'hui madame de » Beauvert... ces changements de nom sont » très-fréquents. Au reste, il nous a fait de » cette Lucette un portrait enchanteur! c'é- » tait une perle, une rose, elle avait tout,

» grâce, fraîcheur, taille fine, pied mi-
» gnon...

» — Eh bien, oui, monsieur, oui, c'est
» moi qui suis, qui était cette Lucette, mais
» quant à ce monsieur Calvados, il s'est con-
» duit avec moi comme un polisson, comme
» un homme sans délicatesse, après m'avoir
» séduite, il m'a lâchement abandonnée,
» lorsque je lui appris que j'allais devenir

» mère. Trouvez-vous que ce soit bien, » cela ?... et comprenez-vous pourquoi, en » revoyant ici ce monsieur, je ne me suis pas » souciée de le reconnaître.

» — Madame, je suis loin de vouloir excu- » ser la conduite de M. Calvados... je ne me » permettrai pas d'être juge entre vous... Je » comprends aussi que la vue de ce mon- » sieur peut vous être désagréable...

» — Oh ! je vous le répète, s'il me parlait
» je lui dirais : Monsieur, vous vous trompez,
» je ne vous connais pas !...

» — Et cette enfant... cette fille que vous
» avez eue... Qu'est-elle devenue.

» — Elle est morte, monsieur, je n'ai plus
» de fille, plus d'enfant. »

Un silence assez long suit cette conversation.

Paola était devenue rêveuse, et Roger en profitait pour travailler avec ardeur. L'arrivée d'un éditeur interrompt ce travail; en voyant un étranger venir parler d'affaires, Paola se lève vivement en disant :

« — Je suis fatiguée, en voilà assez pour » aujourd'hui.

» — Encore une seule petite séance, madame

» et votre portrait sera terminé, » dit l'artiste en reconduisant son modèle jusqu'à la porte de son atelier.

Madame de Beauvert est rentrée dans son appartement, triste, rêveuse, de mauvaise humeur, et lorsque mademoiselle Léontine veut lui faire sentir un petit flacon nouveau qu'elle vient de prendre parmi les nombreux achats faits brusquement chez les parfumeurs, elle la repousse en lui disant :

» — Laisse moi tranquille avec tes par-
» fums !... c'était bien la peine que je visi-
» tasse tous les parfumeurs de Paris... et que
» j'emplisse ma demeure de pommades... il
» n'aimait plus cette fille de comptoir... il
» ne cherchait qu'une occasion pour rompre

» avec elle, il m'a remerciée de la lui avoir
» procurée et il est enchanté d'être débarrassé
» de sa Thélénie...

» — Ah ! bah ! mais alors...

» — Alors il en aime une autre, le traître,
» il a une autre passion dans le cœur, et je
» me suis donnée bien du mal pour rien...

» — En vérité ! et cette autre, qu'est-ce
» que c'est ?

» — Il n'a pas voulu me le dire, l'ingrat,
» oh ! mais il aura beau me le cacher, je
» découvrirai sa nouvelle passion... Je la
» connaîtrai, cette femme qui a maintenant
» son amour... oui, oui, je la trouverai...

» — Et vous les brouillerez encore, voilà
» tout... »

Et mademoiselle Léontine se dit en elle-même :

« — Oh! quel bonheur, si celle-ci pouvait
» être chez un confiseur... »

CHAPITRE VINGT-HUITIEME

XXVIII

Affaire des portraits.

« — Qu'est-ce que tu fais donc là sur le » boulevard ? » dit un matin M. Calvados à son ami Boniface Triffouille qu'il vient de voir arrêté près du passage des Panoramas.

« — Ah ! tiens .. c'est toi, Calvados...
» Bonjour, cher ami... Figure-toi que je suis
» là à guetter quelqu'un...

» — Ah! ah! une femme, libertin! une
» beauté que tu auras suivie et qui est entrée
» dans quelque boutique... tu attends qu'elle
» en sorte... Je connais çà...

» — Non, tu n'y es pas, ce n'est pas cela
» du tout... C'est un jeune homme que je
» guette...

» — Un débiteur ?

» — Non, il ne me doit pas d'argent, et
» cependant c'est bien un débiteur, car il
» possède quelque chose qui est à moi, et je
» veux qu'il me le rende... C'est un nommé

» Sibille Peloton, un jeune négociant, tu l'as
» peut-être vu avec moi ?

» — Je ne crois pas...

» — Nous avons été ensemble au Châ-
» teau-des-Fleurs ; ce jour-là, j'avais sur
» moi une douzaine de mes portraits photo-
» graphiés, que je venais de faire faire...
» nous étions avec des dames... non, c'était
» des demoiselles...

» — Voyez-vous... Quand je disais que » tu étais un séducteur !...

» — Eh ! mon Dieu ! dans tout cela je n'ai » encore séduit personne... bref, ce jeune » Sibille me dit : « Il faut offrir votre por- » trait à ces demoiselles, ça leur fera plai- » sir. » Moi, je n'osais pas offrir cela moi- » même... Alors il reprend : « Passez-moi » vos portraits, je me charge de les bien

» placer. » Je ne demandais pas mieux, je
» lui donne mon paquet de cartes, il en
» donne à ces demoiselles, ensuite, par inad-
» vertance, il met les autres cartes dans sa
» poche, moi, je n'y songe plus. A la fin de
» la soirée, un orage nous sépare... il me
» laisse toutes les demoiselles à reconduire...
» cela m'a coûté quatre bols de punch et
» trois heures de voiture, parce qu'avant de

» pouvoir en trouver une, nous sommes res-
» tés fort longtemps au café à consommer...
» Enfin, depuis ce jour-là, je n'ai pas aperçu
» mon jeune ami, et il a toujours mes por-
» traits. Cela m'a fait faute dernièrement,
» parce que j'ai écrit à de vieilles connais-
» sances d'Orléans, qui auraient été con-
» tentes de l'avoir...

» — Tu ne sais donc pas l'adresse de ton
» jeune homme ?

» — Si... mais il a toujours déménagé
» quand on va chez lui... mais tout-à-l'heure
» il m'avait bien semblé le voir entrer dans
» ce passage... j'y suis entré... je ne l'ai pas
» trouvé... et dans tout cela je n'ai pas en-
» core déjeuné...

» — Tu n'as pas déjeuné, et il est près
» de midi ?

» — Oui, j'ai flâné en regardant les bou-
» tiques... Veux-tu déjeuner avec moi, nous
» allons entrer dans un de ces cafés... il n'en
» manque pas par ici, on n'a que l'embarras
» du choix...

» — Oh ! moi, j'ai déjeuné avec ma

» femme ; mais c'est égal, je te tiendrai com-
» pagnie pendant que tu déjeuneras... D'ail-
» leurs, je prendrai bien encore une demi-
» tasse et un verre de Chartreuse, le tout pour
» t'être agréable... »

Ces messieurs entrent dans un café. Boniface se fait servir des côtelettes et des rognons. Calvados prend plusieurs journaux et lit les nouvelles. Au bout de quelques instants deux jeunes gens, qui viennent d'entrer dans le café, vont se placer à une table, à côté de celle où déjeune notre provincial.

Les nouveaux venus ont aussi commencé à déjeuner, mais bientôt celui qui est presque en face de Boniface paraît frappé d'étonnement. Il le regarde d'abord un peu, puis beaucoup plus, et bientôt dit à demi-voix à son compagnon :

« — Pardieu ! je crois que le hasard vient » enfin de me faire trouver cet homme que » je cherche depuis assez longtemps !...

» — Comment ? qui donc ?...

» — Tu sais bien... Je t'ai conté cette » affaire... au Château-des-Fleurs, il y a

» trois semaines... ou un mois... enfin à la
» sortie... j'étais avec madame Noirville...
» il faisait un orage affreux, j'étais parvenu
» à trouver et à retenir une voiture, quand
» je reviens pour la prendre avec ma dame,
» un monsieur s'en était emparé, je veux
» qu'il en descende, il refuse... bref, nous
» nous querellons, je traite ce monsieur de
» polisson, de drôle... Je lui demande sa

» carte, il me la jette et la voiture part.
» Mais le plaisant de l'affaire, c'est qu'en
» croyant probablement me donner son
» adresse, mon impertinent m'avait jeté son
» portrait photographié que j'ai toujours
» gardé précieusement... et que j'ai même
» encore dans ma poche...

» — Eh bien, ton monsieur ?

« — Il est là, à côté de toi à la table voi-
» sine...

» — Tu crois ?

» — Oh ! j'en suis sûr, d'ailleurs je vais
» te passer son portrait et tu verras si ce
» n'est pas cela...

» — C'est ma foi vrai... il est frappant...
» oh ! ce doit être lui... »

Boniface continuait de manger ses côtelettes sans remarquer l'attention que ses voisins mettaient à le regarder, mais Calvados, qui a jeté de côté les journanx ne tarde pas à s'apercevoir que son ami est constamment le point de mire des deux jeunes gens attablés près d'eux, il se penche vers Triffouille et lui dit :

« — Est-ce que tu connais ces messieurs
» qui sont à côté de toi ?

» — Ces deux jeunes gens... ma foi non,
» voilà la première fois que je les vois...
» Pourquoi me demandes-tu cela ?

» — Parce que depuis quelque temps ils
» t'examinent, te toisent, te fixent d'une
» façon singulière... cela devient même in-

» convenant... celui qui est de mon côté sur-
» tout...

» — Probablement je ressemble à quel-
» qu'un de leur connaissance...

» — On ne toise pas les personnes comme
» cela... c'est indécent.

» — Voyons, ne veux-tu pas que je me
» fâche parce qu'on me regarde !

» — Ah! Bigre! si c'était moi qu'on re-
» gardât de la sorte!... Je te dis que ce
» n'est pas naturel! »

CHAPITRE VINGT-HUITIÈME

(Suite.)

XXVIII

En ce moment, celui des deux jeunes gens qui faisait presque face à Boniface, se penche de son côté et lui dit :

« — Ne vous étonnez pas, monsieur, si je » vous regarde avec cette attention... c'est » qu'il y a bien longtemps que je désirais » vous rencontrer, et je me félicite d'y être » enfin parvenu...

» — Vous désiriez me rencontrer... moi, » monsieur ?

» — Oui, monsieur, vous-même... Je vous

» cherchais partout, aux spectacles, dans
» les promenades... car nous avons une cer-
» taine affaire à vider ensemble...

» — Nous avons une affaire... nous
» deux ?...

» — Oui, monsieur, oh ! vous ne me
» reconnaissez pas ? je le conçois, il faisait
» nuit quand nous nous sommes rencontrés,

» et moi-même certainement, il m'eût été
» impossible de vous reconnaître, si vous ne
» m'aviez pas donné votre portrait, en
» croyant me donner votre adresse... »

Boniface ouvre de grands yeux en répondant :

« — Je vous ai donné mon portrait... à

» vous, monsieur? Allons, vous faites erreur,
» Cela ne se peut pas...

» — Tenez, monsieur, n'est-ce pas votre
» portrait, cela... J'en fais juge monsieur
» qui est avec vous...

Calvados se penche sur le portrait-carte et s'écrie :

« — Oui, pardieu, c'est toi... Oh ! il est
» très-bien, il est parfait...

» — C'est vrai, c'est bien mon portrait, » je me reconnais moi-même... Mais comment se trouve-t-il en votre possession, » monsieur ?

» — C'est bien simple. Vous avez été au » Château-des-Fleurs... il y a un mois... » Tenez, un jeudi, il y aura demain quatre » semaines.

» — En effet, monsieur, je me le rappelle, » oui, j'y fus... et même le temps, qui était » fort beau d'abord, tourna tout-à-coup à » l'orage, si bien que pour s'en aller, il était » fort difficile d'avoir des voitures...

» — Allons donc, nous y voilà ! c'est cela » même, et vous voilà arrivé au moment où » nous avons fait connaissance. J'avais re-

» tenu une voiture, elle m'attendait devant la
» sortie, quand je revins pour y monter avec
» la dame qui m'accompagnait, vous, vous
» étiez emparé de ma voiture, vous
» étiez dedans avec une dame... Je réclamai
» ce qui m'appartenait, vous avez refusé de
» descendre... Oh ! je vous y aurais bien
» forcé, sans le sergent de ville qui ordonna

» au cocher de filer... mais je ne suis pas
» d'humeur à souffrir une impertinence, je
» vous ai demandé votre carte et vous m'avez
» jeté ceci au nez... Voilà, monsieur, com-
» ment je me trouve en possession de votre
» photographie... c'est ce qui m'a permis
» aujourd'hui de vous reconnaître, ce dont
» je suis enchanté, puisque je puis vous de-

» mander raison de l'insulte que vous m'avez
» faite ce soir-là. »

Boniface doute s'il veille, il pousse une exclamation qui fait retourner toutes les personnes qui sont dans le café, en s'écriant :

« — Par exemple ! c'est trop fort... mais
» je ne comprends rien du tout à ce que vous

» me dites, monsieur... ce n'est pas moi qui
» ai pris votre voiture... J'avais quatre de-
» moiselles à reconduire ce soir-là, c'est
» vrai, mais nous sommes restés au café
» jusqu'à une heure du matin, avant de trou-
» ver un fiacre.

» — Monsieur, vous avez oublié cette
» aventure, ou vous ne voulez pas vous en

» souvenir, mais vous ne pouvez pas nier
» que ce portrait soit le vôtre...

» — Ce portrait... assurément c'est le
» mien.

» — Alors vous voyez bien que c'est vous
» qui m'avez pris ma voiture et laissé bar-
» boter à pied avec une dame qui en a fait
» une maladie; c'est pourquoi nous nous

» battrons, à l'épée ou au pistolet, ça m'est
» égal...

» — Pas plus à l'un qu'à l'autre, mon-
» sieur, pas même au bâton ! » répond Boniface, qui est devenu fort pâle en entendant
parler de se battre, et dans son trouble frappe
avec colère sur la table et fait sauter un de

ses rognons à la brochette au visage de celui qui lui parle.

» — Sapristi ! monsieur... Vous me tachez maintenant...

» — Je ne l'ai pas fait exprès, monsieur, » mais je ne peux pas me battre pour une » chose qui ne me regarde pas...

» — Et qui donc alors m'a donné votre
» portrait ?

» — Qui... parbleu ! je m'en doute bien
» maintenant... C'est un petit jeune homme
» qui était venu avec moi au Château-des-
» Fleurs, dans la soirée, il s'est emparé de
» mes cartes photographiées pour en distri-
» buer à des dames... il a oublié de me les

» rendre... nous ne l'avons plus retrouvé pour » partir... C'est lui qui aura pris votre voi» ture, il n'y a pas de doute...

» — Et comment nommez-vous ce jeune » homme, monsieur ?

» — Sibille Peloton, négociant... en » chambre...

» — Sibille Peloton! voilà de singuliers
» noms... Et où demeure-t-il ce monsieur
» Peloton ?...

» — Où il demeure ? Ma foi, je ne saurais
» pas vous dire... il demeurait... où j'ai été,
» mais il a déménagé, on ne sait pas son
» adresse.

» — Permettez-moi de vous dire, mon-

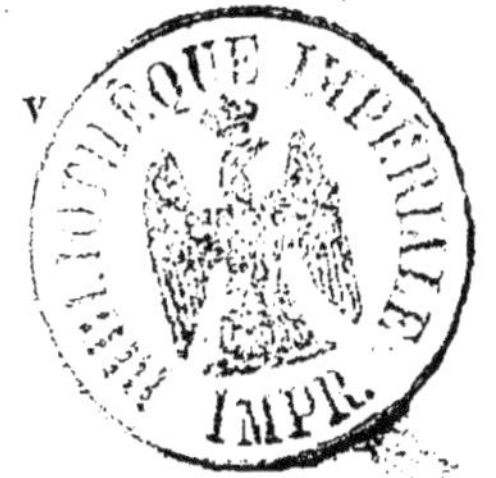

» sieur, que tout ceci me semble une his-
» toire faite à plaisir... C'est un autre qui a
» vos portraits, qui les donne pour vous et
» vous ne savez pas même où demeure cet
» autre!... je ne puis pas me payer de cette
» monnaie... veuillez bien me donner votre
» adresse, monsieur...

» — Mon adresse... pourquoi faire ?

» — Parce qu'il me la faut... c'est indis-
» pensable... tenez, voici la mienne..

» — La vôtre, mais je n'en ai pas be-
» soin...

» — Pardonnez-moi, monsieur, votre
» adresse, s'il vous plaît ?

» — Et si je ne veux pas vous la donner,
» moi?

» — Ah ! monsieur, je vous en prie, ne » me forcez pas à employer des moyens qui » me répugnent...

» — Voyons, sacrebleu, Boniface, donne » donc ton adresse et que cela finisse ! » s'écrie Calvados.

» — Je te trouve encore bon, toi, de vou-

» loir que je me batte pour les sottises d'un
» autre... »

Cependant le pauvre Boniface se décide à fouiller à sa poche, il en tire son adresse qu'il remet en tremblant à ce jeune homme.

Celui-ci la prend en lui disant :

« — **Monsieur, demain à huit heures du**
» **matin, mes témoins seront chez vous, veuil-**

» lez faire en sorte que les vôtres s'y trou-
» vent.

» — Mais encore une fois, monsieur, ce
» n'est pas moi qui ai pris votre fiacre...

» — Si ce n'est pas vous, trouvez celui
» qui m'a donné votre portrait, je me battrai
» avec lui... Je le veux bien... mais si vous
» ne pouvez pas le trouver, c'est qu'il n'existe

» pas, et alors je me battrai avec celui dont
» j'ai le portrait, c'est-à-dire avec vous...
» Monsieur, j'ai bien l'honneur de vous sa-
» luer... »

Le jeune homme se lève et quitte le café avec son ami. Boniface est consterné, il n'a plus faim et s'écrie :

« — Un duel à présent... un duel parce

» que monsieur Sibille fait des impertinences,
» des insolences ! mais ce petit bonhomme
» là est donc né pour mon tourment.... pour
» me fourrer sans cesse dans les affaires les
» plus désagréables... Ah ! si je le tenais !

» — Voyons, calme-toi, Boniface, je te
» servirai de témoin avec mon neveu, un

» officier, il entend ces affaires-là, il réglera
» tout cela comme il faut.

» — Fiche-moi la paix, avec ton neveu!
» je ne veux pas de témoins, puisque je ne
» veux pas me battre... Je te trouve char-
» mant de vouloir que j'endosse les sottises
» d'un autre...

» — Alors il faut tâcher de trouver ton

» jeune homme... d'ici à demain matin, ce » sera peut-être difficile... Voyons donc quel » est le nom de ton adversaire... Léon Guer» bois... peintre... Je ne connais pas cela... » il a l'air assez distingué...

» — C'est-à-dire qu'il a l'air d'avoir une » très-mauvaise tête... vouloir se battre pour

» une voiture qu'on lui a prise il y a un mois,
» il faut être bien rancunier...

» — Écoute donc, et sa dame qui a pa-
» taugé à pied...

» — Est-ce ma faute à moi, et ce polisson
» de Sibille qui lui donne mon portrait au
» lieu de lui donner son adresse.... mais je
» mérite cela! ça m'apprendra à me faire

» photographier... Qu'est-ce que c'est que
» cette manie d'avoir maintenant son portrait
» dans sa poche, comme une carte de vi-
» site... de la donner à ses amis et connais-
» sance comme une pastille de menthe ou
» de la pâte de jujube ! Quel cas voulez-
» vous que l'on fasse maintenant de notre
» image, si nous la prodiguons ainsi à droite

» et à gauche ! Je gagerais qu'il y a des gens » qui, pour placer leur portrait, le donnent à » leur épicier, à leur porteur d'eau... Je te » répète que je trouve cela stupide...

» — Tu parles ainsi parce que tu es en co- » lère, mais cette nouvelle invention a cepen- » dant son bon côté. Ah ! mon ami, si la pho- » tographie avait été connue il y a trente

» ans ! J'aurais aujourd'hui les portraits de
» toutes les dames dont j'ai été l'heu-
» reux vainqueur... Quelle galerie, Boniface,
» quelle charmante galerie ! et comme je se-
» rais heureux et fier aujourd'hui, en la
» montrant à mes amis...

» — Si tu tenais tant à avoir le portrait

» de chacune de ces dames, il fallait les
» faire faire en miniature ou à l'huile.

» — C'était trop cher, mon ami, et puis
» c'était trop long. Aujourd'hui, grâce à cette
» précieuse découverte, vous montez chez un
» photographe avec votre belle, et crac, en
» quelques secondes le portrait est fait, et
» trois jours après vous l'avez. Tiens Boni-

» face, je te parie quelque chose que mainte-
» nant pas un jeune homme ne se privera du
» portrait de sa maîtresse... veux-tu pa-
» rier ?

» — Ah! que tu m'ennuies... Il s'agit bien
» de gageure... Voyons donc encore l'adresse
» de mon batailleur ?

Boniface considère quelques instants la

carte que le jeune homme lui a remise, puis tout-à-coup il s'écrie :

« — Peintre... c'est un peintre... Ah !
» quelle idée! quel espoir .. viens, Calvados,
» viens vite...

» — Où cela ?

» — Chez monsieur Roger...

» — Pourquoi faire ?

» — Il est peintre aussi ou dessinateur,
» enfin il est artiste, il en connait beaucoup...
» il connaîtra peut-être celui-ci.

» — Et après?

» — Comment, après? monsieur Roger
» est un charmant garçon, très-obligeant, il
» ne voudra pas que je me batte pour une
» affaire qui ne me regarde pas...

» — Tu crois ?..

» — Enfin c'est une planche de salut...
» viens... si tu ne peux pas m'accompagner,
» j'irai seul...

» — Par exemple ! quitter un ami quand
» il a un duel sur les bras... jamais... moi
» et mon neveu, nous sommes tes témoins...
» nous réclamons cet honneur. »

Boniface n'écoute plus Calvados, il se hâte de payer sa dépense, et ces messieurs sortent du café et se rendent à la hâte chez Roger.

L'artiste était seul chez lui, il venait de donner encore une séance à madame de Beauvert dont il avait achevé le portrait que celle-ci s'était obstinée à lui laisser, en prétextant qu'il y avait encore des changements à y faire. Comme les visites de Paola devenaient très-fréquentes et que cela ennuyait beaucoup Roger, il était décidé à déménager pour n'avoir plus le voisinage de cette dame.

« — Ah! grâce au ciel! le voilà! il est » chez lui! » s'écrie Boniface en entrant dans l'atelier.

« — Eh! mon Dieu! qu'y a-t-il donc,

» messieurs ?.. » demande Roger surpris de l'air bouleversé du provincial.

« — Il y a mon cher monsieur Roger, » que je ne vois que vous qui puissiez me » sauver la vie !..

» — Ah ! mon Dieu... que me dites-vous » là, mais si cela dépend de moi, soyez tran-

» quille, je vous la sauverai... voyons, expli-
» quez-vous...

» — Je vous assure, monsieur Roger,
» que Boniface exagère les choses... d'abord
» moi et mon neveu nous sommes-là...

» — Tais-toi, Calvados, je t'en prie, et ne
» fourre pas ton neveu là-dedans... Mais
» avant tout, mon cher monsieur Roger, con-

» naissez-vous un peintre qui s'appelle Léon
» Guerbois?

» — Guerbois? oui, certainement, je le
» connais beaucoup, c'est un de mes anciens
» camarades d'école...

» — Oh! alors tout va bien!.. vous ne
» souffrirez pas qu'il me tue en duel...

» — Vous ! un duel avec Guerbois ? et à
» quel propos ?

» — Parce que je me suis fait photogra-
» phier, mon Dieu !.. parce que j'ai eu cette
» faiblesse...

» — Je ne comprends pas...

» — Vous vous rappelez bien ce jour...

» ou plutôt ce soir où nous allâmes au Châ-
» teau-des-Fleurs...

» — Oui, eh bien !

» — Moi, j'y étais allé avec ce petit scé-
» lérat de Sibille...

» — Ah ! il y a encore du Sibille là-dedans!
» vous auriez dû vous méfier cependant...

» — J'avais mes portraits-cartes dans ma

» poche .. nous rencontrons des demoiselles
» de magasin... fort aimables...

» — Vous leur donnez votre portrait...

» — Non, je n'osais pas... mais ce jeune
» drôle... car décidément c'est un drôle, me
» prend mon paquet de cartes, en distribue à
» ces demoiselles, puis par inadvertance sans
» doute, met le reste dans sa poche, et moi
» j'oublie de les lui redemander...

» — Je ne vois pas encore...

» — Attendez donc ! Plus tard ce mon-
» sieur nous quitte, me laissant cinq demoi-
» selles à reconduire... c'était beaucoup! mais
» enfin, s'il n'avait fait que cela... Vous de-
» vez vous rappeler qu'il fit le soir un orage
» épouvantable... J'eus bien de la peine à
» trouver une voiture pour moi et ces demoi-
» selles... d'autant plus que nous étions six...

» le cocher ne voulait pas nous prendre tous
» les six, ça me coûta fort cher...

» — Arrive donc à ton jeune homme...

» — Calvados, si tu me troubles, je vais
» m'embrouiller... Eh bien, savez-vous ce
» que ce... mauvais sujet de Sibille faisait
» pendant ce temps-là... il prenait la voiture
» retenue par votre ami Guerbois... ne vou-
» lait plus la rendre... delà, dispute, querelle.

» Puis au lieu de donner son adresse à ce
» monsieur, savez-vous ce qu'il lui a jeté...
» mon portrait ! »

Roger éclate de rire, en disant :

« — Ah ! elle est bonne celle-là !.. elle est
» digne de Sibille !

» — Vous trouvez la chose plaisante...
» mais vous ne savez pas que ce monsieur

» Guerbois, n'ayant pas bien vu Sibille dans
» la nuit et au fond d'une voiture, a conservé
» le portrait qu'on lui a donné... qu'il en
» cherchait partout l'original... et aujour-
» d'hui au café, où j'étais avec Calvados, un
» jeune homme qui me dévorait des yeux
» depuis longtemps, me présente mon portrait
» en me disant :

» — Il y a longtemps que je vous cherche,
» monsieur, c'est vous qui avez pris ma
» voiture, nous nous battrons en duel...

» J'ai beau lui jurer que ce n'est pas moi
» qui me suis emparé de son fiacre, il ne veut
» rien entendre, et demain matin, il m'en-
» voie ses témoins...

» — Oui, mais je serai-là avec mon ne-
» veu, et nous saurons...

» — Encore une fois, Calvados, je ne veux
» pas que tu m'amène ton neveu ! mets-le en
» sentinelle près de ta femme si ça te con-
» vient, tu en es le maître, mais ne le mêle
» pas là-dedans... Comment, monsieur
» Roger, vous riez encore ?..

» — Excusez-moi, mon cher monsieur
» Boniface, mais je trouve cette aventure si
» comique...

» — Comique!... vous trouvez comique
» que ce peintre veuille absolument me tuer
» demain...

» — D'abord rassurez-vous... ce duel
» n'aura pas lieu, je verrai Guerbois, je me

» charge d'arranger cette affaire, de lui faire
» entendre raison...

» — Vraiment!.. vous serez assez bon...
» ce cher Roger, vous me rendez la vie!..
» c'est que votre ami Guerbois me fait l'effet
» d'être entêté comme un mulet... il dit qu'il
» lui faut moi ou celui qui lui a donné ma
» carte...

» — Encore une fois, ne vous inquiétez » pas... je vous promets... »

Roger n'a pas le temps d'achever sa phrase. La porte de l'atelier est ouverte brusquement, quelqu'un entre en sautillant et se trouve tout de suite au milieu de ces messieurs, qui poussent un cri de surprise en reconnaissant Sibille.

« — Ah! parbleu! voilà qui simplifie » beaucoup la question! » dit Roger, tandis que Boniface pousse un cri de joie qui fait vibrer les vîtres.

Le jeune Peloton salue à droite et à gauche d'un air fort délibéré :

« — Bonjour, messieurs, comment allez-» vous... Tiens, voilà ce cher monsieur Boni-

» face... Ah ! ce hasard... Je venais de la » part de mon cousin... pour un déjeuner...

» — Laissons-là votre cousin !.. Corbleu, » monsieur Peloton, » dit le provincial en roulant de gros yeux, « savez-vous que vous » m'avez mis dans une belle affaire... que » je suis très en colère contre vous, mon- » sieur !.. et que, sans monsieur Roger, j'é-

» tais exposé à avoir un duel... et que je
» n'aime pas les duels !.. mais enfin, vous
» voilà, et comme dit monsieur, cela sim-
» plifie la question...

» — Qu'est-ce qu'il y a donc, cher mon-
» sieur?.. et pourquoi êtes-vous en colère ?
» parce qu'au Château-des-Fleurs je vous ai
» laissé cinq jolies demoiselles à reconduire...

» il se plaint que la mariée est trop belle...

» — Il n'est pas question de mariée !..
» D'abord, monsieur, pourquoi avez-vous
» gardé mes portraits-cartes au lieu de me les
» rendre...

» — Ma foi je n'y ai plus pensé... mais
» je dois les avoir dans mon porte-cigare...
» je vais vous les rendre... »

Sibille fouille à sa poche, et tire de son porte-cigare des photographies qu'il remet à Boniface.

« — C'est gentil... mon portrait empeste
» le tabac à présent... Qu'est-ce que c'est que
» ça, monsieur... vous me rendez quatre
» portraits sur douze que je vous ai
» remis...

» — Mais vous savez bien que j'en ai » d'abord distribué cinq à ces demoiselles...

» — Quatre, monsieur, il y en a une qui » n'en a pas voulu.

» — Au reste, soyez tranquille, les autres » sont bien placés... chez des femmes char- » mantes... qui brûlent d'envie de faire votre » connaissance...

» — Oui, comme ce monsieur dont vous
» avez pris la voiture en sortant du Château-
» des-Fleurs... vous lui avez donné mon
» portrait au lieu de votre adresse; et depuis
» ce temps, il me cherchait partout pour se
» battre avec moi.

» — Ah! bah! quelle plaisanterie...

» — Ce n'est point une plaisanterie... de-
» mandez à ces messieurs.

» — Le duel est pour demain, » dit Calvados, « moi et mon neveu nous aurions
» servi de témoins à Boniface, mais nous
» serons volontiers les vôtres; car, naturel-
» lement puisque vous voilà, vous l'auteur

» de l'offense, c'est vous qui vous battrez et » non pas lui.

» — Comment... c'est tout de bon ? » murmure Sibille qui ne rit plus.

« — Oui, jeune Sibille, » dit à son tour Roger.

« — Et si vous voulez venir avec moi » chez votre adversaire... Léon Guerbois,

» peintre, dont voici l'adresse, nous pren-
» drons tout de suite son heure et fixerons
» le lieu du rendez-vous...

» — Ah! c'est tout de bon... comment
» ce monsieur veut se battre pour une... voi-
» ture... un mauvais coupé... à un cheval...

» — Que voulez-vous... il y a des gens

» susceptibles... il prétend que la dame
» qui était avec lui a été malade pour avoir
» été mouillée...

» — Voyons l'adresse de ce monsieur... »

Sibille prend la carte, la regarde, la tourne dans ses doigts, semble réfléchir, puis tout à coup s'écrie :

« — Je vais y aller tout seul! »

Et se précipitant vers la porte, il sort de l'atelier avant qu'on ait eu le temps de lui répondre.

« — Comment... il est parti! » dit Boniface.

« — Il s'est écrié qu'il allait chez mon-
» sieur Guerbois, » dit Calvados.

« — Et moi, je suis bien persuadé qu'il

» n'ira pas, et que nous ne le reverrons plus » de longtemps, » dit Roger, en riant de la fugue exécutée par Sibille.

Mais Boniface frappe du pied en s'écriant :

« — Sapristie ! mais alors on va retomber » sur moi !..

» — Rassurez-vous, mon cher monsieur, » reprend Roger, « je vais sur-le-champ me » rendre chez Guerbois. Je lui parlerai et je

» vous certifie que vous n'aurez plus à vous
» inquiéter de cette affaire... J'irai demain
» vous apprendre le résultat de ma visite.

» — Allons, vous me rassurez un peu...
» Viens, Calvados, merci mille fois, mon
» cher Roger, de la peine que vous voulez
» bien prendre. »

Et Boniface quitte l'atelier avec son ami, en disant :

« — Pourvu que ce jeune polisson ne » m'attire pas d'autres méchantes affaires » avec les portraits qui manquent... Je ne » vais plus oser me promener, aller au spec- » tacle ou au café, de peur d'être reconnu et » apostrophé!.. Sapristi! que je suis donc » fâché de m'être fait photographier. »

CHAPITRE VINGT-NEUVIÈME

XXIX

Rencontre au bois.

Madame de Beauvert continuait d'être d'une humeur insupportable, dont souffrait surtout son riche entreteneur, monsieur Bernouillet, qui certes n'était pas cause de l'irritation constante des nerfs de cette dame! Ce monsieur s'ingéniait en petits soins, en prévenances et en riches cadeaux, à mesure que sa maîtresse augmentait ses rebufades, ses boutades et son air maussade. Mais il y a des hommes qui veulent être malmenés par les femmes qu'ils entretiennent, et celui-ci était servi à souhait.

La belle Paola, qui voyait tant de gens du monde briguer ses faveurs, ne pouvait comprendre qu'un modeste artiste fut insensible à ses charmes et ne répondit pas à ses avances; elle en éprouvait à la fois du dépit, de la colère et de la jalousie. Elle était désolée d'avoir mal employé son temps, en brouillant Roger avec Thélénie, et se désespérait de ne pouvoir découvrir de quelle femme il était amoureux.

Un matin, Paola vient encore de donner plus de soins à sa toilette, une nouvelle petite toque espagnole est posée coquettement sur sa tête, et elle s'apprête à monter au cinquième pour faire une nouvelle tentative sur le cœur de Roger, lorsque mademoiselle Léontine l'arrête en lui disant :

« — Madame sort... mais elle n'a pas demandé de voiture...

» — Je n'ai pas besoin de voiture pour monter à l'atelier de cet ingrat... de ce monstre... que j'ai la faiblesse d'aimer toujours !..

» — Ah! c'est chez monsieur Roger que
» madame allait...

» — Sans doute; tu vois bien que je n'ai
» ni châle ni manteau...

» — Que madame ne se dérange pas alors
» elle grimperait inutilement les étages et se
» fatiguerait pour rien.

» — Que veux-tu dire ?

» — Que monsieur Roger ne demeure
» plus dans la maison... il est déménagé.

» — Déménagé... depuis quand ?

» — Depuis hier, pas plus tard,.. c'est le
» concierge qui m'a appris ça ce matin...
» Oh ! il paraît que cela a été vite bâclé !..
» une grande voiture a tout emporté.

» — Déménagé !.. il a quitté cette maison

» pour ne plus être près de moi... pour ne » plus recevoir mes visites... Ah ! le traître... » le perfide... l'infâme... Déménagé!.. »

Et dans sa fureur, Paola ôte sa charmante toque, la jette à terre, la foule aux pieds, en fait autant de son fichu, de sa ceinture... elle va même jusqu'à déchirer les manches de sa robe. La femme de chambre ramasse tout ce que jette sa maîtresse et cache tout cela en se disant :

« — Cela pourra encore servir, les mor-» ceaux en sont bons ! »

Puis elle va s'éloigner de peur que sa maîtresse ne passe aussi sur elle sa colère, mais madame la rappelle en criant :

« — Léontine !..

» — Madame ?

» — Où est-il allé ?

» — Qui cela, madame ?

» — Comment qui cela ?.. et de qui par-
» lons-nous ? vous êtes donc aussi bête que
» monsieur Bernouillet, vous ?

» — Ah ! non, madame, par exemple,
» j'espère bien que ça ne va pas jusque-là !

» — Je vous demande où il est allé
» se loger... lui... ce monstre... que
» j'exècre...

» — Monsieur Roger... mais je n'en sais
» rien moi, madame.

» — Quoi, vous n'avez pas eu l'esprit de
» le demander au concierge... Ah ! quelle

» buse!.. mais allez donc alors... courez donc
» vous en informer...

» — Il ne l'a peut-être pas dit, s'il ne
» veut pas... que madame aille chez lui...

» — Vous êtes une sotte! est-ce qu'un
» artiste, un peintre, peut cacher sa de-
» meure... Allez vite demander!

Mademoiselle Léontine descend en se disant :

« — Tu me paieras un jour toutes tes sottises, toi... Je suis enchanté que ce beau » jeune homme n'ait pas voulu d'elle ! ça lui » apprendra à tant faire sa tête !.. »

Et la femme de chambre remonte au bout d'un moment crier :

« — Rue de Seine, vingt-neuf... faubourg
» Saint-Germain.

» — Faubourg Saint-Germain! dans
» un autre quartier bien éloigné de
» celui-ci... Oui, c'est pour ne plus rece-
» voir mes visites qu'il est allé se loger
» si loin... Oh! qu'il soit tranquille, ce
» monsieur, je n'irai certes pas le chercher-

» là ! Probablement celle qu'il aime demeure
» au faubourg Saint-Germain... et ne pou-
» voir la connaître cette femme !.. mais je ne
» suis entourée que d'imbéciles ! qui ne sont
» pas en état de rien trouver, de rien
» savoir... »

Ces mots s'adressaient naturellement à la

femme de chambre, qui murmure entre ses dents :

« — Madame trouve tout le monde bête...
» madame n'a cependant pas été plus maligne, en courant pour rien chez tous les
» parfumeurs...

» — Qu'est-ce que vous dites, made-
» moiselle ?

» — Je dis que madame s'est donné bien
» de la peine... inutilement...

» — Donnez-moi ma perruche... ma
» Cocotte... il n'y a qu'elle qui me com-
» prenne! qui compâtisse à mes ennuis...
» n'est-ce pas ma belle... ma mignonne...

» — *Ah! qu'il m'embête celui-là!..* »

» — Bon! voilà Cocotte qui prend ma-

» dame pour monsieur Bernouillet... A pro-
» pos... ce monsieur a fait dire qu'il viendrait
» chercher madame sur les deux heures...

» — Il ne me trouvera pas... je ne suis
» pas disposée à le supporter aujourd'hui,
» Léontine, allez chez le carrossier voisin,
» qu'il m'envoie sur-le-champ une calèche,
» je sortirai dès qu'elle sera en bas, et quand

» monsieur Bernouillet viendra, vous lui
» dirai que je suis chez une de mes amies,
» qui a la rougeole. »

La calèche arrive. Madame de Beauvert s'y place et dit au cocher :

« — Au bois. »

Arrivée au bois, où il y a foule de voitures, la calèche ne va plus qu'au pas, madame ne voulant pas descendre, et désirant seulement se faire voir, et répondre aux saluts d'élégants cavaliers qui passent près d'elle. Mais outre les cavaliers, il y avait aussi de nombreux gandins, et des personnages du grand monde qui se promenaient à pied dans le bois. Paola jetait nonchalamment ses regards sur tout ce monde, et daignait encore accorder des sourires aux lions, aux hommes à la mode empressés de la saluer.

Tout à coup elle est fort surprise et même choquée de se voir saluer à plusieurs reprises par un petit jeune homme, dont le paletot est très-mesquin, le chapeau déjà usé et qui n'a pas de gants. Au lieu de répondre à ses saluts, Paola prend un air dédaigneux et détourne la tête en se disant :

« — Qu'est-ce que c'est que ça !.. est-ce » que je connais ça ! il se trompe assurément » ce petit monsieur !.. »

Mais à peine la voiture a-t-elle fait quelques tours de roue, que la mémoire revient à Paola, elle se rappelle que c'est dans l'atelier de Roger qu'elle a vu ce jeune homme; aussitôt elle crie à son cocher d'arrêter, et mettant sa tête en dehors, cherche des yeux celui qui la saluait, et l'aperçoit immobile à sa même place, assez mécontent de ce qu'on n'avait pas répondu aux saluts qu'il avait prodigués.

Depuis que Sibille était parti de chez Roger si précipitamment, il ne se promenait plus guère dans l'intérieur de Paris, où il craignait de faire des rencontres fâcheuses. Au lieu de se rendre chez le peintre Léon Guerbois pour lui rendre raison de l'offense qu'il lui avait faite, en sortant de l'atelier, il avait couru chez lui dire à son portier :

« — Si on vient me demander, dites tou-
» jours que je n'y suis pas, que vous ne savez

» jamais quand je rentre... si on insistait
» pour me voir, dites que je suis parti pour
» la campagne et peut-être pour l'étranger. »

Ensuite le jeune Sibille avait cessé de fréquenter les cafés, les spectacles et avait jugé prudent de se promener de préférence dans les environs de Paris. Cependant, le bois de Boulogne fait maintenant partie de la capitale, mais après avoir été à Sèvres, Sibille n'avait pu résister au désir de voir le beau monde dans l'endroit qu'il fréquente le plus habituellement, et voilà pourquoi il s'était trouvé sur le passage de la calèche dans laquelle trônait madame de Beauvert.

Sibille avait de bons yeux et de la mémoire, il avait sur-le-champ reconnu cette dame, que cependant il n'avait vue qu'une fois dans l'atelier de Roger. Il s'était empressé de la saluer, enchanté d'avoir l'air d'être de la connaissance d'une femme à la mode; mais il avait été beaucoup moins charmé de l'accueil fait à ses saluts. On doit juger de sa surprise en voyant la belle voiture s'arrêter et la dame élégante qui est dedans pencher sa tête, puis lui faire, avec sa main, signe de venir à elle.

Dans sa joie, le jeune Peloton ne fait qu'un saut jusqu'à la calèche, et là il fait de nouvelles salutations à cette dame qui lui dit :

« — Je ne vous avais pas reconnu d'a-
» bord, monsieur, veuillez m'excuser...
» — Ah ! madame... par exemple... c'est

» moi qui dois m'excuser de m'être permis...

» mais je vous ai reconnue tout de suite...

» les jolies femmes ne s'oublient pas...

» — C'est dans l'atelier de monsieur Ro-

» ger que je vous ai rencontré, n'est-ce pas,

» monsieur?..

» — Oui, madame, dans l'atelier de mon

» ami Roger... Oh! c'est un de mes amis
» intimes...

» — Monsieur, si vous avez le temps,
» voulez-vous monter un peu dans ma voi-
» ture... ce sera plus commode pour
» causer...

» — Comment donc, madame! si j'ai le
» temps! mais je ne l'aurais pas que je le

» prendrais !.. Trop heureux !.. trop flatté !..
» puisque vous permettez... »

Et, dans son ivresse de monter en voiture près d'une dame remarquable par l'élégance de sa toilette, le jeune Peloton se précipite avec tant de force dans la calèche, qu'il manque de tomber par-dessus l'autre portière, mais heureusement il se retient en s'agripant au cocher. Enfin il s'est assis en face de cette dame, et la voiture se remet en marche.

» — Ah! vous êtes ami intime de mon-
» sieur Roger? » dit Paola, après avoir laissé Sibille chercher un moyen de placer ses jambes sans toucher à sa robe.

« — Oui, madame, oui... c'est-à-dire...
» intime... vous savez, entre jeunes gens, ça

» se dit toujours... du reste je le connais
» beaucoup!.. et mon cousin aussi!.. »

Et tout en parlant, Sibille se penche à droite et à gauche, il ne craint plus d'être vu, bien au contraire, son amour-propre est si flatté d'être au bois en calèche, avec une si belle dame, que cela l'emporte sur ses anciennes frayeurs, puis tout à coup il se lève et se tient debout, en ayant l'air de chercher dans ses poches.

« — Qu'avez-vous donc, monsieur ? est-ce
» que vous avez perdu quelque chose ? » demande Paola impatientée de ce que son vis-à-vis ne se tient pas tranquille.

» — Madame... oui... ce sont mes gants...
» Je m'aperçois que je n'ai pas de gants...

» moi qui en ai toujours... c'est singulier, je
» ne les trouve pas dans mes poches... je
» les aurai perdus en tirant mon mouchoir...

» — C'est un léger malheur, monsieur, il
» ne faut pas que cela vous contrarie...

» — Oh ! si fait... parce que... justement,
» moi, qui ai toujours des gants.....

» — Cocher, prenez à droite... suivez des » allées moins fréquentées...

» — Comment, madame, vous voulez » quitter l'endroit où le beau monde se donne » rendez-vous... vous, si bien faite pour y » briller...

» — Oui, monsieur, toute cette foule,

» cela me fait mal aux yeux... je ne suis pas
» fâché de la fuir un peu... »

Sibille est contrarié de ce que la voiture quitte l'endroit où il y a du monde pour prendre des chemins presque déserts et il se dit :

« — Probablement c'est parce que je n'ai
» pas de gants qu'elle a donné cet ordre;

» quelle maladresse à moi !.. désormais j'en
» aurai toujours une paire dans ma poche, et
» dans des occasions comme celle-ci, on les
» met !

» — Monsieur, puisque vous êtes lié avec
» monsieur Roger... vous devez connaître
» aussi... ses maîtresses... ma question vous
» semble peut-être un peu indiscrète... mais je

» vous avouerai que j'ai quelques raisons
» pour vous la faire...

» — Mon Dieu, madame, il n'y a aucune
» indiscrétion là-dedans... Nos amours, à
» nous autres jeunes gens, ne sont pas de ces
» mystères qu'on craigne de trahir... bien
» au contraire... nous aimons à les conter!
» à moins cependant qu'il ne s'agisse d'une

» personne que l'on craindrait de compro-
» mettre... Oh! alors... on sait être discret...
» moi, par exemple, je me ferais tuer cent
» fois plutôt que de divulguer une bonne
» fortune avec quelqu'un qui... quelqu'un
» que...

» — Monsieur, vous avez dû alors savoir
» que monsieur Roger avait pour maîtresse

» une jeune fille... qui était chez un parfu-
» meur...

» — Thélénie... c'était Thélénie !.. une
» fort jolie brune... belle femme... c'est-à-
» dire belle... il y a beaucoup mieux ! il y a
» cent fois mieux ! mais Roger n'est plus
» avec elle... il l'a lâchée... pardon !.. je
» veux dire, il l'a quittée...

» — Vous croyez ?

» — J'en suis sûr.., je l'ai su un des » premiers par Tontaine... surnommée » Bouci-boulà, une fleuriste qui loge avec » Thélénie... et que j'ai rencontrée il y a deux » jours... et qui même m'a forcé de la régaler » de meringues... c'est une petite fille qui est » d'une gourmandise...

» — Alors ce n'est plus cette demoiselle
» Thélénie qui est la maîtresse de votre ami
» Roger ?..

» — Non, oh ! ils ont rompu complète-
» ment... on dit que le petit Jules retourne
» folâtrer près de la belle brune... il est
» assez bête pour cela... moi, je ne com-
» prends pas qu'on reprenne une ancienne

» maîtresse!.. alors ce n'était pas la peine de » la quitter!.. êtes-vous de mon avis, ma- » dame... Sapristi que ça me contrarie de » n'avoir pas de gants!

» — Mais monsieur, cela dépend, on peut » quelquefois se brouiller, se quitter pour un » motif frivole dont on a regret ensuite... » Alors vous êtes certain que monsieur Roger

» n'est plus avec cette demoiselle Thélénie...

» — Parfaitement certain, madame, il y
» a déjà près d'un mois qu'il ne se voient
» plus...

» — Oh! alors depuis ce temps, mon-
» sieur Roger a probablement formé une
» autre liaison... Connaissez-vous sa nou-
» velle maîtresse...

» — Il n'en a pas, madame, non, depuis
» Thélénie, on ne l'a vu avec personne...

» — Vous croyez... Ah! vous pensez
» qu'il n'aime personne...

» — Oh! permettez! je n'ai pas dit qu'il
» n'aimait personne... au contraire, je crois
» qu'il est très-amoureux dans ce moment-
» ci... et s'il n'a pas de maîtresse pour l'ins-

» tant, c'est qu'il guigne une jeune fille qui » fait la cruelle...

» — Vous avez dit, monsieur?

» — Ah! pardon! j'ai dit *il guigne*... oui, » c'est notre mot à nous pour exprimer que » l'on convoite, que l'on guette une femme...

» — Et cette jeune fille, dont il est amou- » reux, vous la connaissez... vous savez qui

» elle est, il vous a conté son amour pour » elle?..

» — Du tout! il ne m'a rien conté... Oh! » c'est encore un mystère pour beaucoup de » monde... mais moi, rien ne m'échappe... » je vois tout, je sais tout, je devine tout! » comme feu le *Solitaire* que je n'ai jamais » connu.

» — Oh ! monsieur, contez-moi donc tout » ce que vous avez appris... deviné... cela » m'amuse beaucoup de vous entendre...

» — Madame, vous êtes bien bonne... je » suis bien flatté... assurément... et si je » n'avais pas perdu mes gants...

» — Mon Dieu, monsieur, ce n'est pas » cela qui m'empêchera de vous écouter.

» Vous disiez donc que vous savez de qui
» monsieur Roger est amoureux...

» — Oui, madame, ma foi c'est le hasard
» qui m'a fait découvrir la passion secrète
» de Roger, car il n'est pas très-causeur,
» lui !.. il ne dit pas ses intrigues...-moi, il
» y a des cas où je suis discret aussi... quand

» on a eu le bonheur d'avoir su plaire à une » dame haut placée...

» — Monsieur, vous vous écartez de votre » sujet... ces amours de votre ami?

» — Ah! c'est juste, madame... il faut » vous dire qu'un matin comme je passais » dans la rue de Rivoli, j'aperçus arrêtés à » quelques pas de moi, deux personnes que

» je reconnus tout de suite, c'était Roger et
» une jeune fille qui est fort bien, ma foi...
» et qui a la réputation d'être sage... ce qui
» ne l'empêchait pas cependant d'écouter
» mon gaillard, qui la regardait comme s'il
» avait voulu la manger... et lui faisait des
» protestations d'amour... de tendresse...

» — Vous avez entendu...

» — Oui, j'ai entendu un peu... je m'é-
» tais approché en ayant l'air de regarder
» dans une boutique, nos deux amoureux
» étaient si occupés d'eux, qu'ils ne firent
» pas attention à moi...

» — Et enfin...

» — Enfin, ils se séparèrent, mais j'en
» avais assez entendu pour être sûr que

» Roger faisait la cour à cette jeune fille...

» Cela ne m'a pas surpris, j'avais déjà eu des » soupçons de la chose...

» — Et cette jeune fille vous la connais» sez, vous savez ce qu'elle fait, où elle » demeure ?

» — Certainement : elle est chez une lin-

» gère... mon Dieu, c'est le magasin à côté
» du parfumeur chez qui est Thélénie...

» — La lingère... à côté... et le nom
» de cette jeune fille ?

» — Marie... Marie tout court, on ne lui
» connaît pas de nom de famille. »

Madame de Beauvert a tressailli, elle a changé de couleur et elle murmure :

« — Marie !.. quoi... ce serait... Marie !..

» — Oui, madame, la jolie Marie, est-ce
» que vous la connaissez ?..

» — Oui... c'est-à-dire... de vue seule-
» ment... j'ai eu plusieurs fois l'occasion

» d'entrer chez cette lingère... et c'est elle...
» c'est bien elle qui causait avec monsieur
» Roger...

» — Oh ! c'est elle... parbleu je la con-
» nais bien... je l'ai guignée aussi... je veux
» dire lorgnée quelque temps, mais comme
» elle ne sort jamais, je ne pouvais pas lui
» parler.

» — Si elle ne sort jamais, où donc Roger
» a-t-il pu faire sa connaissance?

» — Ah ! je vais vous dire. Vous saurez
» que mademoiselle Marie occupe dans la
» maison de sa lingère une petite chambre,
» qu'elle partage avec Thélénie et avec Ton-
» taine, cette jeune grosse fleuriste à qui j'ai
» payé des meringues et qui travaille à l'en-

» tresol, toujours dans la même maison, ces
» demoiselles n'ont qu'une seule chambre
» pour elles trois, système d'économie de la
» part de leurs patrons. Alors vous compre-
» nez, en allant voir sa maîtresse Thélénie,
» Roger trouvait là Marie, et elle lui aura
» d'autant plus donné dans l'œil, qu'elle
» avait la réputation d'une Lucrèce, n'écou-

» tant personne, n'étant d'aucune partie de
» plaisir de ces demoiselles... mais ces beau-
» tés si farouches finissent tôt ou tard par
» s'apprivoiser !

» — Oui... oui... je comprends mainte-
» nant, si elle habitait avec cette Thélénie...
» en effet, il l'aura rencontrée-là... Ah ! si j'a-

» vais connu cette circonstance... et vous ne
» les avez pas rencontrés ensemble depuis ?

» — Non, madame, non, mais depuis
» quelque temps j'ai été si occupé... je vais
» monter une maison de commerce, rue de
» Cléry, je tiendrai les mousselines, les per-
» cales, les toiles... mais dans le beau, dans
» le très-beau... si madame veut m'honorer

» de sa confiance, j'ose croire qu'elle ne s'en
» repentira pas, du reste je pourrai porter
» de mes échantillons chez madame... Ma-
» dame voudra bien me dire seulement quelle
» est l'heure à laquelle je puis me présenter
» sans que cela la dérange... et je serai tou-
» jours aux ordres de madame... »

Monsieur Petoton attendait vainement une

réponse, depuis quelques instants Paola ne l'écoutait plus, elle était absorbée dans ses pensées. Le jeune homme vexé de ce qu'on ne fait plus attention à lui et de ce que la voiture suit une allée très-peu fréquentée, se penche vers le cocher et lui dit à demi-voix :

« — Si vous retourniez dans la belle allée...

» autour du lac, il me semble que ce serait
» plus gai que par ici... »

Mais en ce moment madame de Beauvert sortant de ses réflexions s'écrie :

« — Oui... oui... à Paris, cocher, nous
» retournons à Paris, allez un peu plus vite.
» Où désirez-vous que je vous mette, mon-
» sieur ?

» — Mon Dieu, madame, où vous vou-
» drez... où vous irez... » balbutie Sibille pris à l'improviste par cette question.

« — Mais je vais chez moi, monsieur...
» je vous mettrai au carré Marigny, alors.

» — Oui, madame, oui... au carré !.. je
» dîne justement... dans les environs. »

La calèche filè. Sibille essaie de renouer

l'entretien, mais la belle dame l'écoute à peine et ne lui répond plus que par monosyllabes. Enfin on arrête au carré Marigny, alors le jeune homme se décide à descendre, mais il s'accroche à la portière en disant :

« — Quand pourrais-je avoir l'honneur
» de me présenter chez madame avec des
» échantillons?..

» — Je ne sais pas, monsieur !..

Et Paola fait signe à son cocher de partir.

« — Comment elle ne sait pas ! » se dit Sibille en regardant fuir la votture; « oh !
» cela ne fait rien, je m'y présenterai tout
» de même ! mais ce jour-là j'aurai soin de
» mettre des gants. »

CHAPITRE TRENTIÈME

XXX

La mère et la fille.

En arrivant chez-elle, Madame de Beauvert s'empresse de se mettre à son sécrétaire et écrit à la hâte le billet suivant :

« Marie, j'ai besoin de vous voir, de vous
» parler, cela est très-important et ne peut
» souffrir aucun retard. Venez donc chez
» moi demain dans la matinée, qu'on vous
» le permette ou non, venez ; il le faut, je
» vous attends. »

Après avoir signé ce billet du simple nom de Paola, elle le cachette et fait venir un commissionnaire auquel elle donne ses instructions.

Marie travaillait silencieusement dans son magasin ; depuis qu'elle avait pris la résolution de fuir Roger, de ne plus lui parler, elle était encore plus triste, et la pâleur de son visage, l'expression de ses yeux laissaient assez voir que son cœur éprouvait un violent chagrin. Cependant elle s'efforçait de sourire lorsque sa patronne lui parlait; elle aurait voulu cacher à tous les regards ce qui se passait au fond de son âme, mais elle ne savait pas encore bien dissimuler ses sentiments, cette science que tant de femmes possèdent dans la perfection.

L'arrivée d'un commissionnaire qui apporte

une lettre pour la jolie demoiselle du magasin, cause une assez vive surprise chez la lingère. La jeune fille est sur le point de refuser la lettre, lorsqu'en jetant les yeux sur l'adresse, elle reconnaît l'écriture. Alors une vive émotion s'empare d'elle, et d'une main tremblante elle prend le billet qu'elle se hâte de lire, tandis que le commissionnaire s'éloigne, parce qu'on lui a dit qu'il ne devait pas demander de réponse.

Le lendemain, dans la matinée, Marie demande à sa lingère la permission de s'absenter pour un moment. La maîtresse du magasin, quoique surprise d'une telle demande de la part de cette jeune fille, qui ne voulait jamais sortir, lui répond :

« — Allez, Marie, voilà la première fois
» que vous me demandez à sortir... je ne puis
» donc pas vous refuser, je vous crois d'ail-
» leurs trop sage, trop raisonnable pour
» penser que vous agiriez ainsi sans de graves
» motifs. Allez, mais faites en sorte que votre
» absence ne soit pas longue. »

La jeune fille remercie sa maîtresse et,

après avoir jeté nn petit châle sur ses épaules, et noué sur sa tête nn bonnet bien simple, mais de bon goût et qui la rend encore plus jolie, elle se rend à la hâte rue de Navarin, à la demeure de madame de Beauvert.

Plus elle approche du terme de sa course,

et plus Marie se sent émue et tremblante. Ses pensées tournent sans cesse dans ce cercle :

« — Elle veut me voir... elle veut absolument me parler... Mon Dieu! est-ce qu'elle m'aimerait enfin!.. est-ce qu'elle se souviendrait maintenant que je suis sa fille... elle! qui m'a défendu de la nommer ma mère... elle! qui m'a toujours

» parlé avec un ton si froid, si indifférent...
» qui ne m'a jamais embrassée!.. et pour-
» quoi... en quoi donc ai-je mérité d'être
» traitée comme une étrangère... Ah! je l'au-
» rais tant aimée si elle me l'avait permis!
» Elle est riche, dit-on, elle vit au sein du
» luxe, de l'opulence!.. Que m'importe à moi!
» ce ne sont pas ses richesses, ses belles

» parures qué j'envie... c'est une caresse...
» une douce parole .. c'est qu'elle me montre
» au moins quelquefois qu'au fond de son
» cœur elle se souvient encore que je suis sa
» fille... mais non... jamais elle n'a daigné
» jeter sur moi un doux regard... à la ma-
» nière dont elle me parle on croirait plutôt
» qu'elle n'éprouve pour moi que de la haine!

» Ah ! c'est bien triste de ne pas être aimée
» de sa mère ! »

Enfin Marie est arrivée devant la maison de madame de Beauvert ; elle se rappelle alors que c'est aussi là que Roger habite, car elle ignore que le jeune artiste a déménagé. Elle craint de le rencontrer, ou peut-être au fond de son âme, cette crainte n'est-elle que de l'espérance, car en entrant dans la maison, en montant l'escalier, ses regards se portent involontairement vers les étages supérieurs, mais elle n'y aperçoit pas celui auquel elle pense toujours.

Elle sonne à une porte au premier. C'est mademoiselle Léontine qui lui ouvre et lui dit :

« — Vous êtes probablement la jeune » lingère que madame attend, mademoiselle » Marie ?

» — Oui, c'est moi, à qui… ma… ma- » dame a écrit de venir…

» — Suivez moi, mademoiselle, oh ! ma- » dame vous attendait avec impatience… »

La femme de chambre conduit la jeune fille dans la chambre à coucher où Paola était assise sur une causeuse et paraissait livrée à de sérieuses réflexions. En voyant entrer Marie, elle fait sur-le-champ signe à Léontine de les laisser, en lui disant :

« — Vous savez ce que je vous ai or-

» donné, qu'on ne nous dérange pas, je n'y
» suis pour personne. »

Puis, jetant enfin les yeux sur la jeune fille, qui est restée debout et toute tremblante à l'entrée de la chambre, ne sachant pas si on veut bien recevoir d'elle un baiser, Paola lui dit, d'un ton assez sec :

« — Prenez une chaise, mademoiselle, et
» asseyez-vous...

» — Est-ce que... vous ne voulez pas au-
» paravant me permettre de vous embras-
» ser, » balbutie Marie, en jetant un tendre
regard sur sa mère.

« — Cela n'est pas nécessaire... plus
» tard... et selon ce que vous me répondrez,

» je verrai si je dois vous le permettre !... »

Marie sent son cœur se serrer à cette dure réponse; mais elle ne dit plus rien et s'asseoit assez loin de la causeuse. Après avoir pendant quelques instants examiné la jeune fille, et sans que l'expression de ses traits aient rien perdu de leur sévérité, Paola lui dit :

« — Marie, je suis certaine que dans le

» fond de votre cœur vous trouvez que je me
» conduis assez indifféremment avec vous...
» Je gage que vous m'accusez d'être une
» mauvaise mère...

» — Ah ! madame, pouvez-vous croire...
» qui vous fait supposer...

» — De grâce, mademoiselle, ne m'inter-
» rompez pas, et laissez-moi vous dire tout

» ce que je pense... vous me répondrez tout
» à l'heure. D'abord je commence par vous
» déclarer que je trouverais tout naturel que
» vous eussiez de moi cette opinion ; si je vous
» disais que je vous adore, à coup sûr vous
» ne me croiriez pas, et vous auriez raison.
» Mais quoique je vous voie fort rarement,
» je ne vous ai cependant jamais perdue de

» vue. Je n'ai jamais oublié que vous étiez » ma fille, et pourtant j'en avais presque le » droit... votre père s'est si indignement con- » duit avec moi !.. Vous allez me répondre » que ce n'est pas votre faute... sans doute ! » mais il n'en est pas moins vrai que la mau- » vaise conduite, l'abandon de l'homme qui » nous a fait commettre une sottise !.. ferme

» souvent notre cœur à la tendresse mater-
» nelle. Vous, Marie, je ne vous ai pas caché
» que vous étiez un enfant de l'amour. Quand
» je lui eus dit que j'étais mère, mon séduc-
» teur m'abandonna... c'est assez l'usage de
» ces messieurs... car les hommes sont tous
» des monstres qui ne cherchent qu'à nous
» tromper... et si nous le leur rendons plus

» tard, nous ne faisons que prendre une juste
» revanche.

» Je ne vous ai point abandonnée cependant ! Je vous mis en nourrice ; quand
» vous eûtes deux ans et demi je vous fis
» revenir près de moi, et j'allais vous chercher une pension, car il m'était impossible
» de vous garder avec moi, lorsqu'une vieille

» dame qui vous avait vue chez votre nour-
» rice, vous prit en amitié et me proposa de
» vous garder avec elle, de se charger de
» votre éducation. Je ne demandai pas
» mieux. Qu'aurais-je pu faire de plus...
» ma position alors était loin d'être brillante,
» en vous gardant avec moi, je n'aurais pu
» vous donner une meilleure éducation... il

» est bien probable au contraire que vous
» eussiez été moins heureuse, car madame
» Blery vous aimait beaucoup... et n'ayant
» pas d'enfants, elle vous traitait comme sa
» fille. Vous ne devez donc pas m'en vouloir
» de vous avoir laissée jusqu'à l'âge de quinze
» ans chez cette dame, où je savais que vous
» étiez très-bien. »

Paola ayant pour un moment cessé de parler, Marie se hasarde à répondre :

« — Je ne vous en ai jamais voulu, madame,
» je ne me suis jamais permis de censurer
» votre conduite à mon égard. Mon existence
» était douce et tranquille chez cette bonne
» dame, pour laquelle j'avais autant d'amitié
» que de vénération!.. Seulement j'ai pu

» regretter de ne voir que bien rarement
» celle... à qui je dois l'existence, j'ai pu
» gémir surtout de ce que, lorsqu'elle venait
» par hasard chez madame Blery, elle ne me
» permettait pas de lui donner ce doux nom
» de mère que j'aurais eu tant de bonheur à
» prononcer...

» — Mademoiselle! si j'ai agi ainsi, c'est

» que probablement j'avais mes raisons pour
» cela... La manière indigne dont votre père
» m'a abandonnée avait bien pu m'empêcher
» d'éprouver un vif intérêt pour vous... Ce-
» pendant, depuis, comme vous avez tou-
» jours été citée pour votre sagesse... pour
» votre bonne conduite, j'ai senti que j'aurais
» tort de vous rendre responsable des torts

» de votre père... et il est bien présumable
» que je vous aurais établie... je ne sais pas
» encore comment, mais enfin j'y aurais
» pourvu, si madame Blery, se sentant at-
» teinte d'une maladie mortelle n'avait pas eu
» l'idée de vous placer chez une lingère...
» Cette idée était fort bonne, et je n'aurais
» pu mieux faire. Cette pauvre madame

» Blery ne possédait malheureusement que
» des rentes viagères, sans cela, je suis bien
» persuadée qu'elle vous aurait fait son hé-
» ritière... tandis qu'en mourant elle ne vous
» laissa, je crois, que de vieilles robes... un
» peu de linge... mais enfin chez votre lin-
» gère vous étiez logée, nourrie, et je savais
» que vous ne manquiez de rien...

» — Il me semble, madame, que je ne me » suis jamais plainte, que je ne vous ai jamais » rien demandé...

» — Sans doute... mais ce que je tiens à » vous faire comprendre, c'est que, moi, je » connaissais fort bien votre position... je » savais que vous aviez tout ce qu'il vous » fallait, parce que, dans le cas contraire,

» je me serais empressée de pourvoir à vos » besoins, de vous faire tenir l'argent qui » vous eut été nécessaire, soit pour votre » toilette, soit pour tout autre chose.

» — Je n'en doute pas, madame, je suis » bien persuadée que vous n'auriez pas laissé » votre enfant souffrir de la misère ou du » besoin ! Grâce au ciel, je n'ai jamais connu

» ni l'un ni l'autre. Tout ce que je réclamais
» de vous, c'était un peu d'affection... un
» peu de ce sentiment qu'une mère ne saurait
» refuser à son enfant.

» — Mademoiselle, qui vous dit que je
» n'en ai pas pour vous... Je vous ai défendu
» de dire que vous étiez ma fille; j'avais
» probablement des motifs pour en agir

« ainsi. Ces motifs existent encore, je ne
» vous en dois pas compte...

» — Je ne vous demande que votre affec-
» tion, madame...

» — Mon Dieu, Marie, je ne demande pas
» mieux que de vous aimer...

» — Ah ! madame...

» — Attendez ! attendez !.. j'ai voulu d'a-

» bord vous prouver que je n'avais jamais
» cessé de veiller sur vous, et que par consé-
» quent, vous deviez toujours avoir pour moi
» ce respect et cette obéissance qu'une fille
» doit à sa mère, alors même que celle-ci,
» pour des raisons qu'elle n'a pas besoin de
» vous expliquer, juge convenable de ne
» point vous donner publiquement le titre de
» sa fille.

» — Ce respect... cette obéissance... je
» n'ai jamais cessé de les avoir... si j'ai eu peu
» d'occasions de vous les prouver, madame,
» c'est que nos relations ont été bien rares !
» c'est que jamais vous n'avez rien demandé
» à votre fille... mais mettez-moi à même de
» vous prouver ma soumission à vos moindres
» désirs, et vous verrez avec quel empresse-
» ment je chercherai à les satisfaire.

» — C'est bien, Marie, c'est très-bien, je
» vais en ce cas, mettre sur-le-champ votre
» obéissance à l'épreuve. Vous connaissez
» un jeune artiste... un dessinateur qui se
» nomme Edouard Roger ? »

Marie devient écarlate, et balbutie :

« — Monsieur... monsieur Roger ?

» — Oui, monsieur Roger, allons, répon-

» dez, et surtout ne mentez pas dans tout
» ce que vous me direz..

» — Oh! je ne mens jamais, madame, et
» je n'ai aucune raison pour cacher la vérité.
» J'ai fait la connaissance de monsieur Roger
» parce qu'il venait voir Thélénie, sa maî-
» tresse, qui demeure dans la même chambre
» que moi.

» — Je sais cela, et quoique vous n'ignorassiez pas que ce jeune homme était l'amant de cette Thélénie, vous n'en avez pas moins écouté ses doux propos et souffert qu'il vous fit aussi la cour... C'est assez vilain, cela...

» — Madame, monsieur Roger ne me faisait pas la cour, il me parlait comme à

» quelqu'un... que l'on rencontre quelque-
» fois... c'est seulement depuis qu'il s'est
» fâché tout à fait avec Thélénie, qu'il m'a...
» qu'il me...

» — Qu'il vous a dit qu'il vous aimait...
» Voyons, mademoiselle, ne mâchez donc
» pas ainsi vos paroles entre vos dents... Je
» n'aime pas les demi-mots, moi. Et qu'a-

» vez-vous répondu à ce jeune homme, quand
» il vous a dit cela ?...

» — Je lui ai répondu que je ne pouvais
» pas l'écouter...

» — Vous mentez, vous ne lui avez pas
» dit cela, et vous l'avez fort bien écouté, car
» on vous a vue causant avec lui, dans la
» rue de Rivoli. On a même entendu les ser-

» ments d'amour que vous faisait ce mon-
» sieur. Osez-vous nier cela ?

» — Non madame, non, je ne nierai rien
» de ce que j'ai fait, mais puisque vous con-
» naissez si bien toutes mes actions, vous de-
» vez savoir aussi que depuis, j'ai constam-
» ment fui monsieur Roger, que je lui ai dé-
» fendu de me parler, de chercher à me ren-

» contrer, à me voir et qu'enfin il m'a obéi.
» Je ne le vois plus, je n'entends plus parler
» de lui.

» — Et qui vous a fait prendre cette ré-
» solution soudaine, de fuir ce jeune homme
» que vous écoutiez si bien auparavant ? »

Marie hésite, elle craint de blesser sa mère

en avouant pour quel motif elle a cessé d'é-
couter Roger, elle balbutie :

« — Madame... si j'ai fait cela... c'est
» qu'on m'a dit... c'est que j'ai appris... que
» monsieur Roger connaissait encore une
» autre personne.

» — Oui, mademoiselle, ce jeune homme
» vous trompait, il voulait seulement s'amu-

» ser à vos dépens… car il n'est pas libre…
» il a des engagements sérieux qui le lient à
» une autre femme… et cette femme… c'est
» moi. »

Marie baisse la tête d'un air qui semble dire : Je le savais. Paola reprend avec le même ton d'autorité :

« — D'après cela, mademoiselle, je crois

» inutile de vous faire sentir combien vous
» seriez coupable... criminelle même, si vous
» écoutiez encore les propos de Roger,
» enfin, si vous conserviez les moindres rela-
» tions avec lui... songez alors que l'intérêt
» que je vous porte se changerait en haine,
» en aversion... que jamais je ne vous par-
» donnerais une telle offense...

» — Oh! madame, n'ayez pas une telle
» crainte!... Moi, m'exposer à votre haine!
» à votre mépris... moi, dont les seuls désirs,
» les seules espérances, étaient d'obtenir un
» jour de vous ce doux nom de fille, que
» vous ne m'avez jamais fait entendre... moi,
» qui donnerais dix ans de ma vie pour une
» seule de vos caresses... car je vous aime,

» moi, madame, je vous ai toujours conservé » cette tendresse qu'un enfant doit à sa mère, » et malgré votre froideur, malgré l'éloi- » gnement que vous me témoignez... ce sen- » timent si doux de l'amour filial n'a jamais » cessé de faire battre mon cœur... »

Les accents de Marie étaient si vrais, ils peignaient si bien le fond de son âme, que

Paola ne peut se défendre d'une vive émotion, et c'est presque avec affection qu'elle tend sa main à sa fille en lui disant :

« — C'est bien, Marie, je vous crois, je » suis contente de vous .. Alors, je puis être » certaine que jamais, jamais, vous l'enten- » dez, vous n'écouterez ce que Roger pour- » rait vouloir vous dire...

» — Oh! jamais! je vous le jure, que le
» ciel me punisse si je manque à mon ser-
» ment....

» — Savez-vous où demeure monsieur
» Roger ?

» — Mais, je crois lui avoir entendu dire
» qu'il logeait dans cette maison... »

Paola garde le silence et se contente

d'examiner Marie, puis elle reprend après un moment :

« — J'espère que ce jeune homme ne sait
» pas... que vous ne lui avez jamais dit que
» vous étiez... ma fille ?

» — Pourquoi le lui aurais-je dit, ma-
» dame, puisque vous m'aviez défendu de
» faire connaître à personne le nom de ma

» mère... mais si je ne puis... si vous ne
» voulez pas que je vous donne ce nom... ne
» repoussez pas au moins mes caresses... »

En disant cela, la pauvre petite pressait la main de sa mère et la couvrait de baisers. Celle-ci, après lui avoir quelques instants abandonné sa main, la retire enfin, en lui disant :

« — Maintenant, Marie; vous pouvez
» vous éloigner, je vous le répète, je suis
» contente de vous, j'ai foi en vos promesses,
» et quelque jour, je vous prouverai que je
» ne vous oublie pas... je vous établirai...
» enfin je m'occuperai de votre avenir...

» — Je vous remercie, madame, je suis
» satisfaite de mon sort, mais avant que je

» vous quitte, ne me permettrez-vous pas de
» vous embrasser ? »

Paola hésite, un secret combat semble se livrer dans son cœur, enfin elle daigne tendre sa joue à sa fille, qui se précipite et la couvre de baisers, mais comme si elle craignait de se laisser attendrir, Paola se dégage des bras de Marie en lui disant :

« — Maintenant, partez.... partez... j'ai
» affaire... je ne puis vous garder plus long-
» temps... »

Marie obéit, elle s'éloigne, en se retournant souvent pour regarder encore sa mère, et elle se dit :

« — Elle ne m'a pas embrassée, mais elle
» a permis que je l'embrasse, moi, c'est tou-
» jours quelque chose. »

Et lorsqu'elle descend l'escalier, cette fois, bien loin de lever les yeux, elle se sauve sans oser tourner la tête, car elle ne voudrait pas maintenant, pour tout au monde, rencontrer Roger.

CHAPITRE TRENTE-ET-UNIÈME

XXXI

Les suites du Champagne.

Après la visite que lui avait faite M. Boniface Triffouille, Roger s'était hâté de se rendre chez le peintre Guerbois, où il n'avait pas aperçu l'ombre de Sibille, ce qui, du reste, ne l'avait nullement étonné. Il n'avait pas été difficile à Roger de faire entendre raison à son ami, et de le faire entièrement renoncer à son projet de duel avec ce monsieur d'Orléans, qui loin d'être complice des méfaits du jeune Peloton, se trouvait au contraire être aussi sa victime. Quant à ce dernier, il l'avait fait connaître à Guerbois pour ce qu'il était, un fanfaron et un blagueur, et lui avait donné carte blanche pour se venger de lui, mais en l'engageant cependant à ne point pousser la chose trop au sérieux.

Boniface a été si content en recevant l'assurance qu'on ne le forcerait pas à se battre en duel, que dans sa joie, il s'est jeté au cou de Roger, en s'écriant :

« — Mon cher ami, je vous dois la vie,
» car je ne sais pas me battre, et j'aurais
» infailliblement été tué. Vous arrangez les
» choses beaucoup mieux que cet entêté de
» Calvados qui voulait absolument être mon
» témoin avec son neveu. Je veux que nous

» fêtions l'heureux dénouement de cette af-
» faire dans un petit festin avec quelques
» amis !...

» — A quoi bon ?...

» — Ah !... J'espère que vous ne refuserez
» pas de renouveler ce charmant repas que
» nous fîmes ensemble peu de temps après
» mon arrivée à Paris.

» — Non, sans doute, si tel est votre dé-
» sir... mais je pense que vous n'inviterez
» pas Sibille, cette fois...

» — Non, certes... le petit scélérat, qui
» me met ses duels sur le dos... et qui ne
» va pas, lui, au rendez-vous de l'honneur...
» car il n'a pas été chez ce monsieur Guer-

» bois comme il l'avait dit en nous quit-
» tant.

» — Est-ce que vous avez jamais cru
» qu'il irait ?... J'étais bien certain du con-
» traire, moi...

» — Ma foi, oui, je l'avais cru. Je crois
» tout ce qu'on me dit...

» — Cela fait honneur à votre bonne foi,
» mais il est dangereux de pousser la con-
» fiance si loin...

» — Et, tenez, je ne vous le cacherai pas,
» je regrette d'être obligé de me fâcher avec
» ce jeune farceur... Car, à part ses inad-
» vertances, il m'amuse, il est fort diver-
» tissant !

» — Mais, mon cher monsieur Boniface,
» si vous avez envie de l'inviter encore, son-
» gez bien que vous en êtes le maître ! moi
» je n'ai aucune raison pour en vouloir à Si-
» bille !.

» — Non ! oh je ne veux plus de lui. Au
» reste, j'en voudrais qu'il me serait diffi-

» cile de le lui dire, je ne le rencontre plus
» nulle part...

» — Et voyez-vous toujours Lucien Bar-
» decourt ?

» — Je me suis encore trouvé près de lui
» hier à l'Opéra... Ah ! l'Opéra ! quel magni-
» fique spectacle... quelles danseuses...
» quelles poses... quelles grâces !... quand

» j'ai été à l'Opéra je ne dors pas de la
» nuit...

» — Vous inviterez Lucien au dîner que
» vous voulez encore nous offrir, n'est-ce
» pas ?

» — Ma foi... qu'en dites-vous ? il n'est
» pas bien aimable, ce monsieur-là, il ne
« parle que de lui...

» — Si... invitez-le.. il nous racontera ses » bonnes fortunes... il a quelquefois des » aventures piquantes...

» — Du moment que c'est votre avis, je » l'engagerai. J'aurai aussi Calvados et son » neveu, parce qu'enfin, si je ne me suis pas » battu, ce n'est pas leur faute, ils s'offraient » toujours pour être mes témoins, et j'ai

» bien dans l'idée que Calvados aurait dit à
» son neveu de se battre pour moi... un mi-
» litaire ! c'est son état, il n'aurait pas mieux
» demandé... »

Une indisposition survenue à Boniface avait retardé le festin prémédité, mais enfin, l'amphytrion avait recouvré la santé, fait ses invitations et un samedi, à six heures du soir, les convives se trouvaient réunis dans le même restaurant qui les avait déjà vus en partie quelques mois auparavant. Boniface seul était en retard, ce qui étonnait et commençait à inquiéter ces messieurs, qui connaissaient l'exactitude et la ponctualité du provincial.

La société se composait de Roger, de Calvados et son neveu, de Lucien Bardecourt et enfin du cousin de Sibille, monsieur Ernest Miroir, fort bon garçon qui n'était nullement passible des sottises que commettait son petit cousin et était le premier à vous dire : « Ne croyez pas un mot de tout ce qu'il vous contera. »

« — Que diable peut-il être arrivé à Bo-

» niface, pour qu'il ne soit pas au rendez-
» vous qu'il nous a donné ! » dit Calvados
en regardant par la fenêtre du petit salon
qui donne sur le boulevard.

» — Il est certain que cela m'étonne, »
dit Roger, « car j'ai toujours remarqué chez
» monsieur Triffouille une extrême exacti-
» tude, même pour les plus petites choses.

» — Il aura suivi quelque dame, qui
» l'aura mené plus loin qu'il ne voulait, » dit
Lucien.

» — Oh ! ce n'est pas probable ! est-ce
» que Boniface oserait suivre une femme,
» d'ailleurs il n'aurait pas choisi le moment
» où il sait que nous l'attendons...

» — Alors c'est qu'il est malade...

» — Malade... ce serait le plus fâcheux, » attendez, nous allons savoir... Garçon ! » Garçon !...

Le garçon arrive dans le petit salon où sont ces messieurs. Calvados prend la parole :

» — Garçon ? ce monsieur qui a com» mandé un dîner pour six personnes et

» retenu ce petit salon où nous sommes,

» quand est-il venu ?

» — Monsieur Boniface Triffouille est

» venu ce matin sur les dix heures... il a

» parlé au patron, commandé un dîner pour

» six... un dîner très-fin, oh ! vous serez

» contents, messieurs...

» — Ce n'est pas cela qui nous inquiète,

» mais monsieur Boniface comment était-il
» ce matin, avait-il l'air souffrant, indis-
» posé ?

» — Oh! bien au contraire, ce monsieur
» avait fort bonne mine, il était très-gai, il
» est parti en disant au patron : Distinguez-
» vous pour les vins comme pour les mets,

» je veux que nous fassions un véritable
» festin...

» — Messieurs, un homme qui dit cela à
» dix heures du matin, ne peut pas être bien
» malade à six heures...

» — Il est la demie.

» — Messieurs, » dit à son tour Ernest Miroir, « je ne crains qu'une chose, moi,

» c'est que monsieur Boniface ait rencontré
» mon petit cousin Sibille. »

L'arrivée de Boniface met fin aux inquiétudes et aux commentaires : cependant l'amphytrion est tellement essouflé, effaré, bouleversé que tout le monde s'empresse autour de lui.

« — Qu'avez-vous ?...

» — Vous avez l'air bien fatigué...

» — Que vous est-il arrivé ?

» — Vous n'êtes pas malade ?

» — Non messieurs, non mes chers amis,
» excusez-moi de vous avoir fait attendre...
» Ah ! ce n'est pas de ma faute, allez !...
» Ouf !... je n'en puis plus... Je demande
» d'abord un verre de madère pour me re-
» mettre... Je l'ai bien gagné... »

Le madère est versé à Boniface, qui, après l'avoir bu, s'essuie le front en disant :

« — Ça va mieux, ça me remet... Ah ! » messieurs, si vous saviez ce qui vient de » m'arriver... et dire que c'est encore à ce » satan de Sibille, à votre petit cousin que je » dois cela...

» — Ah ! je m'en doutais, » s'écrie Ernest en riant, « je me doutais qu'il y avait « du Peloton dans cette aflaire-là.

» — Comment ? Est-ce que tu aurais en-» core un duel ? » dit Calvados, « mais tu » sais que nous sommes-là, moi et mon » neveu... qui a accepté avec joie ton invita-» tion, et que je te présente. »

Le jeune officier salue Boniface en disant :

« — Disposez de moi, monsieur, je serai
» heureux de vous être utile...

» — Merci, monsieur, infiniment obligé...
» mais ce n'est pas d'un duel qu'il s'agit...
» ou du moins, c'est d'un duel d'un autre
» genre... le diable m'emporte je crois que
» je préférerais le premier.

» — Voyons, explique-toi...

» — Vous saurez donc, messieurs, que je » me dirigeais vers ce restaurant, où certai- » nement je serais arrivé avant vous, ce qui » du reste, était mon devoir, parce que celui » qui traite doit être là pour recevoir ses in- » vités...

» — Nous ne vous en voulons pas, allez « toujours...

» — Je marchais donc, dans les meilleures
» dispositions.... J'avais un appétit d'enfer,
» je l'ai toujours heureusement! lorsque tout
» à coup dans la rue de Richelieu, une dame
» vient se poser devant moi en s'écriant :

» — Enfin, c'est bien heureux! vous
» voilà! je vous retrouve, ce n'est pas sans

» peine, il y a assez longtemps que je vous
» cherche...

» Moi je reste ébahi devant cette dame...
» Non, je veux dire ce colosse féminin, car
» c'en était un ! figurez-vous une tour de cin-
» quante-cinq ans environ... de ces tours
» qui ont de la barbe... deux ou trois men-
» tons formant un escalier... un nez épaté..,

» farci de tabac, un teint beaucoup trop co-
» loré, tout cela bien bourgeonné... voilà
» quelle était la personne qui me barrait le
» passage, car à elle seule, elle tenait tout
» le trottoir. Cependant, après avoir envi-
» sagé cette espèce d'éléphant, je lui dis :

» — Madame, assurément vous vous
» trompez, je n'ai pas l'honneur de vous

» connaître, vous me prenez pour un autre.

» — Oh ! non, je ne me trompe pas, me
» répond cette dame, votre figure est trop
» bien gravée dans ma mémoire !... vous
» êtes frappant de ressemblance...

» — Comment, madame, avec qui ai-je
» de la ressemblance ?

» — Eh mais! avec votre portrait, votre
» photographie que vous avez si adroitement
» glissée dans mon gant... Ne vous en sou-
» venez-vous plus? Il y a de cela un mois en-
» viron, c'était le soir, il faisait noir et le
» tonnerre grondait au loin; je sortais d'une
» maison rue de la Tour-d'Auvergne. Je
» marchais très-vite, craignant la pluie, ce-

» pendant un homme se mit à me suivre, il
» marchait presque sur mes talons, me di-
» sant des douceurs, me suppliant d'accep-
» ter son bras... moi je ne me retournais pas
» espérant qu'il me quitterait, au lieu de
» cela, je sens qu'il glisse quelque chose sous
» mon gant... Aussitôt je me retourne pour
» lui reprocher son audace... nous étions

» justement alors près d'un bec de gaz ; mais
» je n'eus pas plus tôt fait ce mouvement,
» qu'il se sauve à toutes jambes! je ne puis
» apercevoir que son dos...

» — Ce n'était pas moi, madame...

» — Ce n'était pas vous? osez-vous nier,
» et ce portrait, direz-vous aussi que ce n'est
» pas le vôre?... »

» En achevant ces mots, la grosse tour me
» met sous les yeux une de mes cartes photo-
» graphiées... de celles gardées par ce petit
» gueux de Sibille. »

Ici, toute la société part d'un éclat de rire, Boniface boit encore un verre de madère, puis reprend :

« — Vous riez, messieurs, c'est que vous

» ne vous doutez pas à quelle espèce de
» femme j'avais affaire!... Vous allez voir :
» Je lui réponds : Madame, ce portrait est
» bien le mien en effet, mais ce n'est pas
» moi qui l'ai mis dans votre gant... c'est
» un autre...

» — A d'autres ! » s'écrie-t-elle ! « Ah !
» tu cours après les femmes, tu veux les

» faire endèver et tu nies ensuite tes exploits,
» monstre ! séducteur ! mais tu ne sais donc
» pas qu'à force de regarder, de contempler
» ton portrait, tu m'as donné dans l'œil...
» oui, je ne veux pas te cacher ma faiblesse,
» je suis devenue amoureuse de ce portrait,
» c'est-à-dire de l'original... Je te cherchais
» par monts et par vaux...

» — Mais, madame, encore une fois, puis-
» que ce n'est pas moi...

» — Comment, ce n'est pas toi !... Tu
» viens tout à l'heure de convenir que c'est
» ton portrait, à présent tu dis que ce n'est
» pas toi... Ah ! prenez garde monsieur, je
» ne suis pas une femme dont on se
» moque !... »

» Tout cela m'ennuyait beaucoup comme
» vous pouvez bien le croire, j'ôte mon cha-

» peau, je dis à cette dame : J'ai bien l'hon-
» neur de vous saluer et je veux continuer
» mon chemin, mais cette tour me saisit
» par le bras, s'y accroche et me dit :

« — Je vais avec vous.

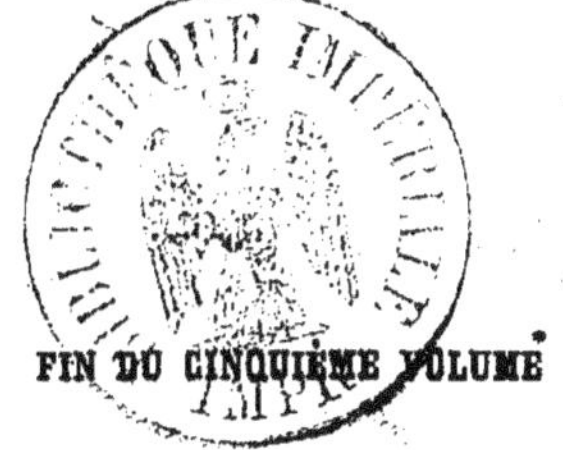

FIN DU CINQUIÈME VOLUME

TABLE

DES CHAPITRES DU CINQUIÈME VOLUME

Wassy. — Imp. Mougin-Dallemagne.

EN VENTE :

LES DEMOISELLES DE MAGASIN

Roman entièrement inédit, par CH. PAUL DE KOCK.

COQUELICOT

Roman historique par le vicomte PONSON DU TERRAIL, auteur de : les Etudiants de Heidelberg, Amaury le vengeur, etc.

LE MENDIANT DE TOLÈDE

par MOLÉ-GENTILHOMME et C. GUÉROULT, auteurs de : Roquevert l'arquebusier, Robert le ressuscité, etc.

LES BATELEURS DE PARIS

Par CLÉMENCE ROBERT, auteur de : Daniel le laboureur, Nena-Saïb, la Tour Saint-Jacques, les Anges de Paris, etc.

LES BUVEURS D'ABSINTHE

par HENRY DE KOCK, auteur de : les Démons de la mer, la Haine d'une Femme, Morte et Vivante, le Médecin des Voleurs.

LES MÉTAMORPHOSES DU CRIME

par Xavier de MONTÉPIN auteur de : les Compagnons de la torche, le Parc aux Biches, Un Amour maudit, les Marionnettes du Diable, etc.

ÉCOLIERS ET BANDITS

Drames du vieux quartier latin, par ÉDOUARD DEVICQUE, auteur de : le Chevalier de la Renaudie, etc., etc.

Wassy. — Imp. de Mougin-Dallemagne.

www.ingramcontent.com/pod-product-compliance
Lightning Source LLC
LaVergne TN
LVHW020618110826
845149LV00002B/514
9782019225988